U0944786

魏潜　选编

文汇出版社

图书在版编目(CIP)数据

中外幽默笑话集萃 / 魏潜选编. —上海：文汇出版社，2008.7

ISBN 978-7-80741-287-8

Ⅰ.中… Ⅱ.魏… Ⅲ.笑话—作品集—世界 Ⅳ.I17

中国版本图书馆 CIP 数据核字(2008)第 076817 号

中外幽默笑话集萃

选　　编 / 魏　潜

责任编辑 / 陈今夫
特约编辑 / 文　夫
封面装帧 / 王　翔

出版发行 / 文匯出版社
上海市威海路 755 号
(邮政编码 200041)
经　　销 / 全国新华书店
照　　排 / 南京展望文化发展有限公司
印刷装订 / 江苏启东市人民印刷有限公司
版　　次 / 2008 年 7 月第 1 版
印　　次 / 2012 年 6 月第 7 次印刷
开　　本 / 850×1168　1/32
字　　数 / 90 千
印　　张 / 6.5
印　　数 / 57 231-67 730

ISBN 978-7-80741-287-8
定　　价 / 16.00 元

目录 CONTENTS

老师与学生

拥挤的月亮

一位地理老师告诉他的学生:“月亮非常大,可以容纳几百万人在上面居住。”

有个男孩笑了:“当月亮由满月变成月牙时,住在上面的人一定很拥挤。”

谁发现了澳洲?

老师:埃迪,在地图上给我找出澳洲在什么地方。

埃迪:先生,在这儿。

老师:对了。本尼,你来回答我是谁发现了澳洲?

本尼:先生,是埃迪。

哥伦布的电话号码

小凯茜:我在历史书中发现,克里斯托弗·哥伦布这个名字后老是有(1451—1506)这几个数字。老师,请您给解释一下好吗?

小琳达:老师,我能告诉她。那是哥伦布的电话号码!

驴子微笑

老师为学生讲解各种动物的习性，然后又举例，指出几种会微笑的动物。

迪克问老师："老师，为什么没有举驴子为例呢？"

"因为驴子不会微笑呀！"

"但是我看见过驴子微笑。"

老师笑笑说："那你一定是在镜子里看到的。"

游泳

老师：我听说你家住得离河很近，可你竟然没学会游泳。

萨米：这有什么好奇怪的？你被空气包围着，可你也不会飞啊！

谁的错

老师：安妮，你作业中出了这么多错，你妈妈一定会责怪你的！

安妮：责怪我？啊，不会的。正相反，我倒要责怪她呢,是她替我做的作业。

他知道答案

教师:你能告诉我一些有关 18 世纪的伟大科学家的事情吗?

学生:我能,先生。他们都死了。

一次物理考试

一次物理考试,当同学们都在苦思冥想时,麦克很快就答好了第一个问题。

这个问题是:为什么在打雷时,我们总是先看到闪电后听到雷声?

麦克的回答是:因为眼睛在前,耳朵在后。

作文课

在作文课上,老师让学生们写一篇题为"我所见到过的最美的东西"的文章。在整个班级中看起来对美最不敏感的那个学生用令人吃惊的速度第一个交了卷。这篇作文简短扼要。他写道："我所见到过的最美的东西，美得无法用语言来表达。"

写　作　文

一天课上，老师要同学们以"如果我是一个经理"为题写一篇作文。所有的学生都在动笔写了，只有一个男生例外。老师走过去问他为什么不写。

"我在等我的秘书。"那孩子答道。

世界上最大的

老师正在讲课，汉斯打起瞌睡来了。

老师：汉斯！你说说，世界上什么最大？

汉斯：这，这……眼皮……

老师：什么？眼皮？

汉斯：是这样，老师，因为我眼睛一闭，眼皮就把世界上的一切东西都遮住了。

猜　谜

老师：孩子们，我有个谜语要你们猜：有一种东西，浑身都是漂亮的羽毛,每天早晨它能叫你起床。那是什么东西,杰克?

杰克:鸡毛掸子,爸爸每天都用它叫我起床。

同一个妈妈

约翰和他的哥哥彼得在同一个班里上学,一天老师布置他们写一篇作文,题目是“我的妈妈”。彼得写好后约翰拿去抄了一遍。

第二天老师问约翰:“为什么你的作文和彼得的一模一样?”

约翰回答说:“我们的妈妈是同一个人,不是吗?”

父亲的亲笔签名

老师:肯尼,你没把你的考卷给父母看,是吗?

肯尼:不,老师,我给他们看了。

老师:可是我在上面根本没找着你父亲的签名啊。

肯尼:在这里,老师。(肯尼向老师露出手臂上的鞭伤。)

关于人的智慧

老师正在给学生讲解人的智慧，他说："当人的感觉不灵的时候，他就会发展出另外一种感觉。盲人因为看不到东西，就会发展出良好的听力。聋子因为听不到声音，就会发展出灵敏的嗅觉。"

接着老师问学生："谁还能举出类似的例子？"

博恩站起来说："我能。我叔叔因为右腿短，就长出了一条长长的左腿。"

氧　气

自然科学老师在课堂上讲道："氧气对任何生命都是必不可少的。如果没有氧气，地球上将不会有任何生命存在。大家想想——氧气的发现只有一百多年。"

玛丽举起手问："假如这是真的话，那么在氧气没被发现前人类是怎么活着的？"

长时间缺席

"早上好，吉米，"历史老师说，"我终于看到你又回到了学校。你身体好些了吗?”

“好些了,谢谢您,老师。”

“很好,你是什么时候开始缺课的?”

“老师,从‘十字军东征’的时候。”

爸爸的借口

老师让玛丽同学分析下列句子:“爸爸去参加会议了。”

玛丽回答说:

“‘爸爸’是主语,‘去’是谓语。关于‘参加会议’嘛,妈妈说,这是爸爸找的借口。”

隐私问题

在建筑学课的考试中,教授问学生:“为什么在设计楼房时要安排防火楼梯?”

有个学生回答:

“教授先生,安排防火楼梯除了防火以外,还有别的用途。这可能涉及隐私问题,很难回答。”

妈妈善于还价

“列文斯基,两卢布能买一公斤苹果,你妈妈买了两公斤苹果,请问她花了多少钱?”

“不知道。”

“怎么会不知道呢?”

“因为我妈妈善于讨价还价。”

教你判别母鸡的年龄

生物课上,老师问一个同学:“口腔最后出现的是什么牙齿?”

同学回答:“是假牙! 老师。”

老师继续问:“你能不能说说人们是凭什么来识别母鸡的年龄的?”

“用牙齿,老师!”

“但是,母鸡并没有牙齿呀。”

“母鸡没有牙齿,可是我有啊。如果母鸡的肉很嫩,年龄就小;如果咬也咬不烂,母鸡年龄就大!”

牙　疼

老师:“罗兰,你昨天怎么没来上课?”

罗兰:“老师,我昨天牙疼。”

老师:“噢,真可怜。现在好点儿了吗?”

罗兰:“我不知道,我把它留在牙医那儿了。”

两头笨驴

农夫到学校去求见教师,想送他的儿子到学校念书。教师说:“很好,只是你要缴十个卢布的学费。”

“什么? 这么贵! 十个卢布我可以用它买一头驴子了。”

教师回答道:“如果你真的用这些钱去买驴,而不让孩子上学,那你们家就会拥有两头笨驴!”

衰退、萧条、恐慌

学生卡瑟请一位著名的经济学家给“衰退、萧条、恐慌”这几个专用词下定义。

专家笑道:“衰退时,人们需要把腰带束紧;萧条时,人们很难买到腰带;当人们连裤子也穿不起时,恐慌就开始了。"

如此考试

某大学举行年终考试,由学生自取考卷作答。一个学生战战兢兢地抽取了一张考卷,看了看后觉得很难,于是问主考教授:

"尊敬的教授,我是否可以再抽一张别的考卷?"

"可以。"教授不假思索地同意了。

考生抽取了第二张考卷,看了看,又不好意思地问教授:

"很抱歉,教授,可否让我再抽第三张考卷看看。"

教授看了他一眼后说:

"请出示你的记分册。"

学生哆哆嗦嗦地递上了记分册,教授给他写上"3 分"并签了名。在一旁的助教不解地问:

"教授,您干吗给他记'3 分'?他连一张考卷都没有答呀!"

"这没什么,既然他能找到卷子,就说明他还多少知道一些。"教授自信地回答。

零 分

学生：我认为我不应该得零分。

教授：我也这么认为，但这是允许我打的最低分数。

最后两小时的危险

生物学教授给学生讲课说：

“很明显，任何生命降生的最初两小时都是其最危险的时刻……”

这时，有个学生打断教授的话问：

“教授先生，您不认为生命的最后两小时也存在某种危险吗？”

再给一年时间

教授批评一个学生：

“这已是给你出的第三道题了，你还是回答不上来！”

“教授，请再给我些时间想一想。”

“好吧，再给你一年时间。”

爸爸可能会同意

有个学生很调皮，女老师多次与他谈话也不见效，搞得老师不愿再跟他谈了。有一次，老师对他说：

"我只要当你三天的妈妈，准能把你教育好。"

"好啊，我去跟我爸爸说说，他可能会同意。"

说 实 话

校长问一个学生：

"贝尔，你承认是你在黑板上写了'数学老师是个愚蠢的人'这句话吗？"

"是的。"

"这很好，贝尔。你说了实话。"

女教师画苹果

女教师在黑板上画了一个苹果，然后提问："孩子们，这是什么呀？"

孩子们异口同声地回答："屁股！"

女教师哭着跑出教室，找校长告状："孩子们嘲笑人。"

校长走进教室，表情严肃地说："你们怎么把老师气哭了？啊！还在黑板上画了个屁股！"

自然示范课

明天，考察团要到小学来观摩教学，老师正在为一节自然示范课做准备。"明天，考察团要来参观，为了给我班集体争光，给学校争光，大家一定要认真听讲，积极思考，全力配合！明天，我会问：'人们常吃的水果都有哪些？'你们就踊跃回答，下面，我来布置一下：'你说苹果，你说葡萄，你说草莓，你说香蕉，你说西瓜，你说荔枝……'"

第二天，考察团来到了学校，观摩活动有序进行，最后终于到了这节自然示范课。"人们常吃的水果都有哪些？"老师问道。

"苹果！""葡萄！""草莓！""香蕉！"（短暂的冷场）"老师，西瓜请假没来，还继续说吗？"

三十年后

老师在五年级的作文课上指定一个作文题目："三十

年后的我”。

班上的一个女生写道:“……今天的天气不错,我带着我的小孩到公园去玩,我开着老公给我买的高级轿车,手指上戴着他刚买给我的大钻戒,脖子上也挂着他上月才送我的金链子。我带着我可爱的小孩走在公园里,到处都是人们羡慕的眼光。突然,路上冲出一个浑身恶臭、满脸污泥、无家可归的老太太,我仔细一瞧,天啊!她竟然是我小学五年级的语文老师……”

精神医生

某研究精神学的教授面对一大群学生在授课。

“其实治疗女人的歇斯底里症是相当简单的——抱过来热情地吻一顿就行了。不错,只要热吻就能完全痊愈。”

这时有个学生站起来问道:

“可是教授,我们想知道的是,要怎样做才能使女人变得歇斯底里。”

意外结论

讲师正在论述他的一个非常重要的观点:“当一个人

错了的时候,他妥协退却了,他是明智的;当一个人正确的时候,他妥协退却了,这就意味着他……"

"结婚了。"一个男生的声音从听众中传出。

难怪我考试总是不及格

老师说:"一个傻瓜提出来的问题,十个聪明人也回答不上来。"

有个学生说:"难怪我考试总是不及格。"

"泡　妞"

咱校有个体育老师,游泳特棒,吸引了很多男生和女生求教。奇怪的是该体育老师教男生很快,而女生一般都要教很久。一次喝酒后,他吐露真言:"女生不能教得太快,要不,啥叫'泡妞'呀!"

对学校食堂的抱怨

学生向系主任抱怨学校食堂做的饭菜一点也不好吃,完全不对学生的口味。

系主任把食堂的厨师找来，批评了他们的工作，并警告说，如果不改进，就解雇他们。

“尊敬的主任，”厨师辩解说，“您不要管那些年轻人说了些什么，让他们去说好了！您知道吗？他们在食堂里也常抱怨您的课讲得不好。”

不带枪的士兵

老师生气地对克拉克说：

“克拉克，你太不像话了。今天你不仅没有带笔记本，连书本也没有带！你知道不带枪的士兵是什么？”

“老师，不带枪的士兵是将军。”克拉克回答说。

Ⅱ 情侣夫妻

不　幸

两个女朋友的对话：

“如果我结婚了，会给多少男子带来不幸啊！”一个女朋友说。

“那你为什么只嫁给一个男人呢？”另一个女朋友问。

爱情不朽

姑娘问求爱的小伙子：

“你爱我吗？”

“我爱你爱得发疯了。”

“你能为我去死吗？”

“我的爱情是不朽的，亲爱的。”小伙子坚定地回答。

一脚踢开

一个球迷兴致勃勃地对女朋友说：“踢足球就和搞对象一样，得有缠的功夫。假如一双脚能像牛皮糖一样粘在足球上，就成功了。”

女朋友说："然后呢，一脚踢开！"

左右为难

露丝："既然你和你的男朋友感情这么好，为什么不结婚？"

艾丽丝："唉，每当他酒醉时我不愿嫁给他；他清醒了，可又不愿娶我。"

绝望有因

杰克向女友求婚，被拒绝了，心中难过，当着女友的面叹气："罢了，我今生别想结婚了。"

"何必这样悲观呢？"女友不胜怜悯地说，"大丈夫何患无妻。我拒绝了你，不见得别的女孩子也会拒绝你呀！"

"当然！"杰克还是不胜感叹，"可是，连你都不要我，还有谁肯要我呢？"

成人之美

两年未见面的两位老朋友邂逅，A 问 B："你和那姑娘结婚了没有?”

B说:“我求你永远别再提她了。”

A吃惊地问:“为什么?”

B沮丧地说:“我出门在外,每星期给她写一封信,当我回来时,发现她和邮递员结婚了。”

只有你有回音

觉得关系很不错了,她就问:“当初,你是怎么想起来给我写纸条的?”

“我给班上每个女生都写了,只有你有回音!”他老实地回答。

巧问妙答

海伦对朋友说:“我登上一艘载有六百多人的轮船,船长对我十分热情。第一天他请我参观船上的各类设施,第二天他请我吃饭,第三天便要求我嫁给他,否则他便要将船炸沉。”

朋友:“第四天你怎么办?”

海伦:“第四天我救了六百多人。”

两相和悦

他："我先警告你，下次，如果你再说讨厌我的话，我就要吻你！"

她："真讨厌……真讨厌……"

他："我懂了！你要我吻你两次，对不对！"

答　案

一男生苦追一音乐系女生，在写完第 99 封信后，女生回信一封，上书"61"。男生不解，问本宿舍爱情专家，专家释曰：61，意为——拉倒。

禽兽不如

一个男人在酒吧喝得酩酊大醉，口中念念有词："我……居然禽兽不如、禽……"

同去的朋友问他为何如此自责，在他的断断续续话里，朋友明白了事情的原委。

原来昨天他与女朋友外出游玩，晚上不得已同睡一个房间,女的划了条线并警告男的:“过线的是禽兽!”第二天女的发现男的真的没过线,立刻打了男的一个耳光:“想不到你居然连禽兽都不如!”

亲 吻

娜娜问她的恋人:

“我不是你亲吻的第一个女人,要不你怎么这样在行?”

“这可能,但你是怎么知道的?”

女人是毒药

托马斯情场失意,当着一些朋友的面大骂:“女人是祸水,女人是一种最毒的毒药,我劝你们千万不要接近女人!”

可是过了三天,他的朋友却在酒吧中看到他和另外一个女人亲热异常。“你怎么又跟毒药混在一起了?”

托马斯叹着气说:“自从女友离我而去,我变得非常颓丧消极,老是想服毒自杀。”

爱的理由

我真的爱你，怎么会骗你呢？我爱过的人又不是你一个，她们都没有说过我骗她们。

另外两个是谁？

一个形容词有三个程度上的级别：好的，比较好的和最好的。

一位爱挑剔的英语语法老师嫁了一位上等绅士。新郎在新婚之夜宣称："你是我一生中遇到的最好的女人。"

这位语法概念很清楚的新娘生气地问："那么另外两个是谁？"

拿了多少钱

妻子看电视剧，大声对丈夫说：

"你看这电视剧里的男主人公多么爱他的女人啊！"

"你知道这位男演员拿了多少钱？"丈夫问妻子。

做梦

“我太太昨天晚上做了个可笑的梦，”一个男人对他的同伴透露说，“她梦到她嫁了个亿万富翁。”

“你很幸运，”同伴叹息地说，“我太太在白天做梦。”

和邻居攀比

艾米莉是那种偏要和邻居攀比的太太。

“亲爱的，”赫伯特抱怨说，“你试着要和邻居们攀比，不是有点贪心吗？”

“我不知道你是什么意思。”艾米莉回答。

“首先史密斯家买了一台新的冰箱，所以我们也得买一台。”

“嗯，我们的冰箱已经用了 5 年。”

“然后克里斯波家买了一台落地式彩色电视机，你就坚持我们需要一台。”

“我们 19 英寸的彩色电视机太小了。”

“后来布来格家买了辆新车，而我们也得买一辆，为什么我们得和邻居攀比？”

“我们只不过和邻居一样好而已。”艾米莉回敬一句。

“那么我要告诉你一件新闻。”

“什么？”

“科尔波家刚生了五胞胎。”

我还不认识她呢

一对夫妇在公园里散步，发现一对年轻的男女坐在一条长凳上，动情地接吻。

“你为什么不那么做呢？”妻子说。

“亲爱的，”丈夫回答说，“我还不认识那个女子呢！”

脑袋哪儿去了

夫妻俩吵架时，妻子哭着对丈夫说：

“我真该死！我真不知道同意跟你结婚时我的脑袋哪儿去了？”

“在我的脑前。”丈夫对妻子的问题作出了明确的回答。

妻子不满意

有一天丈夫问妻子:“怎么又不满意了！你不是有两顶帽子配这件大衣吗?”

“你说错了。”妻子不高兴地回答他,“我只有一件大衣配这两顶帽子。”

不幸的岁月

小两口吵架时,妻子委屈地对丈夫说:“你别忘了,我已经把一生里最美好的年华给了你!”

“快别说啦!”丈夫请求说,“你这么说,我倒害怕了,因为不知道还得跟你一块度过多少不幸的岁月啊!”

爱的道理

丈夫:“为什么上帝把女人造得美丽而又愚蠢呢?”

妻子:“道理非常简单。把我们造得美丽,你们才会爱我们;把我们造得愚蠢,我们才会爱你们。”

定 义

在一次妇女集会上，大家讨论哲学。一位牧师的妻子给大家读了一段定义："哲学家就是这样一种人，他谈论自己都不懂的东西，反而使你认为你不懂是自己的过错。"坐在我旁边的一位夫人跟我耳语道："我还以为这是丈夫的定义呢。"

狗娘养的

我爸比我妈大 14 岁，最近一直在写遗嘱。一次家宴上，他告诉我们说他为母亲以后的生活作好了安排，但如果她改嫁的话，家里的房子将归我们五个孩子所有。

"我可不愿意另外哪个狗娘养的在我的火炉旁烤他的狗腿。"他解释道。

妈妈狡猾地咧了咧嘴，讥诮道："你怎么认为我会再嫁给一个狗娘养的？"

丈夫是蠢货

"你真是个蠢货！"妻子不满地对丈夫说，"连咱们的孩子,还有你的亲戚都是蠢货。你瞧你干的哪件事不是又蠢又笨,要是举行世界蠢人大赛,你一定会得最后一名。"妻子奚落了丈夫一通。丈夫有点摸不着头脑,就问妻子:

"为什么参加蠢人比赛我会是最后一名,而不是第一名呢?"

"因为你是个蠢货!"

当了女主人

兰姆到里尔克家做客,看见里尔克正围着围裙在厨房里做饭,她感到十分奇怪:

"怎么回事,你自己做饭啦?"

"她结婚了,现在当了女主人啦。"

"是吗,跟谁结的婚?"

"跟我。"

绝妙分法

我和一个寡妇结了婚。她有六个孩子,我自己有五个孩子。我们结婚后,有了三个孩子。一天,我妻子匆忙跑进来对我说:

“快到院子里去,快! 太可怕了。”

“怎么了?”我问。

“唉!”她说,“你的孩子和我的孩子正在打我们的孩子。”

我是头

“在公司我是头。”公司经理对他的朋友说。

“这我相信。但在家里呢?”他的朋友问。

“我当然也是头。”

“那你的夫人呢?”

“她是脖子。”

“那为什么呢?”

“因为头想转动的话,得听脖子的。”

人有远虑

一位太太想画肖像,她丈夫给她找来了最好的画家。当她坐下来让画家给她画像时,提出了一个要求,希望给她画上项链、耳环、头饰等物,而事实上她并没有这些金银首饰。

画家同意了，但问道："干吗要这样呢？"

太太答："这是为了万一。你知道，我也许比我的丈夫先死，那时他会马上再娶的，让他的新太太去找这些宝贝好了！"

皮大衣掉到眼睛里

两个老朋友多日不见，一见面就有说不完的话。一个说：

"上星期我妻子的眼睛里掉进了一粒沙子，不得不去看医生，结果花了20美元。"

另一个说：

"这算什么！上个星期一件毛皮大衣掉到了我妻子的眼睛里，结果花了3000美元。"

多少钱？

严冬来临，瓦特曼太太想采购一大批东西，一直等到周六丈夫有空的时候，她就拖着他去商店付钱连带拎东西。他们去了许多商店，瓦特曼太太买了一大堆东西。她经常停下脚步说道："看，乔伊！那个多漂亮！"

他总是回答："好吧！亲爱的，多少钱？"然后掏钱去付款。

他们从最后一家商店出来的时候夜幕已经降临，瓦特曼先生已筋疲力尽了。他心里想着其他事情，比如在家里暖暖的火炉边呷口美酒。突然他太太仰望天空，说道："看那月亮多美，乔伊！"

瓦特曼先生不假思索答道："好吧，亲爱的，多少钱？"

是谁快死了

勒纳临死前对妻子说："把咱们那个小铺子留给儿子吧！"

"不，最好留给女儿。"妻子说。

"我想还是留给儿子吧！"

"不，给女儿。"

"你听着，咱们俩是谁快死了，是我，还是你？"

近亲结婚

夫妻吵架，妻子愤怒地嚷道："我嫁给魔鬼也比嫁给你强！"

"这不可能，因为近亲禁止通婚。"丈夫马上反驳道。

你不是十全十美

丈夫悲哀地说:“这世界上没有十全十美的女人!”

妻子:“那我呢?”

丈夫:“你当然不是,因为你只有十全八美。”

妻子十分惊喜:“真的? 那我缺哪两美呢?”

丈夫:“你缺外在美和内在美。”

当然不会

先生很喜欢赌博,家中值钱的东西早已典当一空。一天太太对先生说:“你不会拿我去当赌本抵押吧?”

“当然不会,我才不会拿不值钱的东西去抵押呢!”

笑的秘密

一个男子到车站接妻子。

妻子:“你就不能笑一笑? 瞧那对夫妻有说有笑多开心。”

丈夫:“他是来给她送行的,不是接她的。”

贪得无厌

“我的老婆是个贪得无厌的女人。”

“怎么回事?”

“星期天,她向我索要五元;星期一,向我索要三元;昨天索要二元,今天又索要一元。”

“她要这么多钱干什么?”

“我也不清楚,幸好我一次也没有给过她!”

太太还没批准

亚当士对轰轰烈烈的女权主义运动颇不以为然。有位朋友建议他写一本提倡男权主义的书,亚当士说:“早就写好了。”

“那为什么还不出版呢?”

“太太还没批准呢。”亚当士苦笑着说。

不会无缘无故的

怀特结婚了。新婚之夜,怀特搂着娇妻,动情地说:

“亲爱的，我这个人只有一个缺点，常会无缘无故吃醋……”

妻子娇嗔着安慰他：“亲爱的，请放心，我不会让你无缘无故吃醋的……”

尼姑也要

一个醋劲很大的妻子每天都要对晚归的丈夫搜身，如果发现丈夫身上有一根女人头发，便大哭大闹个没完。

有一晚，她搜了半天，一无所获，却也大哭大闹起来。丈夫不解，便问何由？于是她怒斥丈夫说：“现在你竟然连尼姑也要了！”

夫妻抓苍蝇

傍晚时分，夫妻俩闲得无事抓起苍蝇来。

“你抓几只了？”妻子问。

“抓了五只，三只公的，两只母的。”丈夫说。

“瞧你说的，你怎么知道是公的还是母的？”

“这很简单：公的都站在桌子上，母的都围着镜子飞。”

两月与一年

剧院幕间休息时，丈夫到休息厅买了一杯啤酒。妻子说："您曾对我发誓，两个月之内滴酒不沾！"

丈夫说："亲爱的，据节目单介绍，第一幕到第二幕之间的时间相隔是一年！"

蜜　月

马什和莫利的太太都在生产，两个人在产房外焦急地踱步。

"实在是倒霉，"马什说，"这事居然在我休假时发生了。"

"你以为这算倒霉！"莫利厉声道，"我可还在度蜜月哩！"

让老公颤抖

丈夫正在剃胡须，夫人兴奋地从外面回来："我与朋友去了一家高级皮货店，要不要听我买了些什么？"

"先别，我手里拿着刮胡子刀呢，我现在不希望颤抖。"

情况不同

先生发现妻子频频外出,即提出警告:"蒂玛,你刚结婚时,不是说在家里很幸福吗?看到我就像看到了全世界。"

妻:"我是这么说过呀!但那时我对世界地理不熟呀!"

一道去

丈夫十分生气:"怎么搞的,还没有做晚饭?等不了啦!我这就去餐馆吃饭。"

妻子:"再等五分钟吧。"

丈夫:"五分钟能做好饭?"

妻子:"不,等我换身衣服,和你一道去。"

同样的服务

有个结婚十年的男人,正向婚姻顾问请教。

"新婚时我非常幸福。在市区的商店里累了一天,回到家里,小狗围着我又跑又叫,妻子忙给我拿来拖鞋。现在一切都变了。小狗给我叼来拖鞋，妻子对我又喊又叫。”

“我不知道你有什么可抱怨的，”顾问说，“你得到的服务还是同样的嘛。”

三封电报

一个女人走进邮局，要了一张电报纸，写完后扔了。又要第二张，写完后又扔了。第三张写好后，她递给报务员，并嘱咐尽快发出。女人走后，报务员对这三份电报发生了兴趣。

第一份上写着：一切都结束了，再也不想见到你。第二份上写着：别再打电话，休想再见到我。第三份的内容是：乘最近的一班火车速来，我等你。如果前两封电报发出去，一切都结束了。可发出去的是第三封，终点又成了起点。

原来如此

一个宴会中，两个太太在密谈。

“站在窗边的那个男人真奇怪，”一位太太说，“您还没有来的时候，他一个劲地朝我看，现在却一眼都不瞧我了。”

“他是我丈夫。”另一位太太说。

历史学家

A：你妻子是做什么的？

B：她是个家庭主妇，不过只要她一和我吵架，她就成了历史学家。

A：你是说，她歇斯底里吗？

B：不，她揭我的老底，一件琐事都不会落下。

丈夫在哪里

“什么女人能够准确地说出自己的丈夫在哪里？”

“只有寡妇能够说出来。”

风流

化装舞会前，太太忽不适，便叫丈夫单身赴会。稍后，太太自觉好了点，便换上一套丈夫从未见过的时装，驱车也去参加舞会了。刚进门，太太便看见丈夫与其他女人打情骂俏，不禁妒火中烧，决定试探一下丈夫。她走到丈夫身旁，娇声媚气，投怀送抱。最后还引诱他到后花园去，尽情风流。到了午夜，当大家将要脱下面具时，太太才悄悄离去。而她丈夫直到凌晨三时才回来。

“舞会怎么样?”太太问。

“一点也不好玩。”丈夫答。

“你在那里究竟干了些什么?”太太再三追问。

“老实告诉你吧，”丈夫道，“我到那里时，见到几个朋友都没有带妻子，于是我们几个便在书房里玩牌去了。”

“你整个晚上都在打牌吗?”太太尖叫道。

“是的，不过我把自己的服装与面具借给了另外一个老朋友。那家伙在舞会结束时倒是向我夸口，说这是他有生以来最美妙的一个晚上！”

像第三个丈夫

在家庭晚宴上，女主人对男邻居说：

“您真像我的第三个丈夫。”

“那您有过几个丈夫?”

“两个。”

婆家的亲戚

一对夫妻开着车出去，走了很长一段时间谁也不吭声。因为在这之前他们曾争吵得很厉害，谁也不肯让步。丈夫指着牧场上的一头骡子问道："是你的亲戚吗？"

"是的，"她回答，"是婆家的亲戚。"

我要是报纸就好了

妻子和丈夫谈话，他一天到晚总是看报纸，妻子抱怨说："我要是报纸就好了，那样我就可以天天在你手里了。"

丈夫说："我也希望那样，那样我就可以每天换一个了。"

谁的职业？

一个律师和他太太正走在街上时，有个甜美的金发女郎向律师招手，并抛来一个飞吻。气恼的太太问他那女郎是谁时，他说："她只是我上星期遇到的女人，当然是职业上的。"

太太严厉地问："谁的职业？你的？还是她的？"

风流夫妻

适应婚姻的确很难，特别是婚前风流成性的男女经常有问题,我们光棍俱乐部时的会员莫里哀最近结婚了,洞房之夜的隔天早晨,他独自坐在酒吧喝酒。

“怎么了,莫里哀?你今天应该是世界上最快乐的人呀!”

他伤心地摇摇头说:“我们平日和风尘女睡多了,养成了鬼习惯。”他说,“今天早晨我迷迷糊糊起床的时候,下意识地从口袋掏出100元钱,把它塞在她的枕头下。”

我们大伙儿安慰他没关系,你太太不会想那么多的。

“你们不知道,”他伤心地说,“谁知道她也半睡半醒,迷迷糊糊的,竟找给我50元。”

不是你的电话

丈夫对妻子说:

“如果有电话找我,你就说:‘很遗憾,他不在家。’”

过了一会儿,电话铃响了,妻子拿起电话说:

“很遗憾,他在家。”

“你看你,真是个小傻瓜,你怎么告诉他我在家呢?”丈夫不高兴地批评妻子。

妻子反驳说:

“你怎么知道电话是打给你的?”

愉情双双飞

一对夫妻在床上熟睡。大约是半夜时分，好像外面有什么动静，把妻子惊醒了。妻子有点迷迷糊糊，连忙把身边的丈夫推醒，并对丈夫说道："快点起身，好像我丈夫回来了。"

丈夫被妻子给推醒了，也是迷迷糊糊的，听到妻子的话后，边起身边说："你怎么不早说，那我现在该往哪儿躲啊。"

我丈夫马上就要回来了

一个已婚男人去拜访他的"女朋友"时，女朋友要求他剃去胡须。

"噢，拉萨尔，我喜欢你的胡子，但我更喜欢看到你英俊的面孔。"

拉萨尔回答说，"我的妻了喜欢我的胡子，所以我不可能剃掉它，否则她会杀了我的。"

"噢，我求你了。"女朋友用一种低沉的、性感的声音又一次说道。

“可是，我不能，”他回答道，“我的妻子喜欢这胡子。”

在女朋友再三请求下，他终于屈服了。夜里，在妻子熟睡时，拉尔夫爬上了床。

妻子朦朦胧胧地摸了摸他的脸说，“噢，莱克，你不应该在这里，我的丈夫很快就要回来了。”

该怎么说

“我真不知道该怎么办？”嘉思丽对朋友说，“丈夫两年前就去美国了，现在他来信要我带着两个孩子去探亲。”

“这是个好消息呀，你就带孩子去吧！”朋友建议说。

“可是我现在有四个孩子，该怎么对他说呀？”嘉思丽不安地说。

谁不忠实

在离婚诉讼庭上，听了双方的供词后，法官说：“太太，照这样看来，你确实对你的丈夫不忠实。”

“哦！是丈夫对我不忠实。”太太愤怒地叫道，“他说要出差一个礼拜，可是第二天就回来了。”

说漏了嘴

有一天晚上,丈夫酒足饭饱回来,高兴地对妻子说:“今天我们公司的经理请一部分职员吃饭,大家都开怀畅饮,席间,经理拿出三瓶威士忌,对大家说:‘在座的诸位,你们谁一生中从没有背叛过自己的妻子,这三瓶酒就归他所有。’结果没有一个举手,你说奇怪吗?”

妻子听后好奇地问:“那你怎么不举手?”

丈夫慌张地说:“你是知道的,我向来喜欢喝啤酒,而不喜欢喝威士忌。”

不离婚理由

某个女性在朋友面前尽数落她丈夫的各种不是。

朋友:“这么可恶的丈夫,那你干脆跟他离婚算了!”

“可是一想到他跟我离婚后,就能找到比我更好的女人结婚,我就不禁义愤填膺!”

一直没干完的活

我离开家几天,给丈夫留了个条儿,写下需要做的杂活。为了跟他逗着玩儿,我的第五条写的是:多想念你的妻子。

当我回来后,我丈夫非常自豪地向我汇报,他干完了所有的活。当我看条子时,除了第五条,所有的活都干完划掉了,“这是怎么回事!”我惊叫道,“我不在时,你不想我吗?”

他高兴地说:“我开始干了,不过这活一直还没做完。”这时我的委曲都消失了。

父母与孩子

我教老师

妈妈问她的小儿子:“宝贝儿,今天老师都教你些什么?”

儿子骄傲地说:“什么也没教,妈妈,她反倒问我一加二等于几,我告诉她是三。”

谁最懒?

父亲:哎,鲍比,今天我跟你们老师谈过,现在我想问你个问题,你们班上谁最懒?

鲍比:我不知道,爸爸。

父亲:啊,不对,你知道!想想看,当别的孩子们都在做作业、写字时,谁在课堂上坐着,只是看人家做功课?

鲍比:我们老师,爸爸。

成绩通知单

“妈妈,你听,邻家的小霞把成绩单上的‘1’改成了‘5’,她妈妈发现了,正在狠狠地骂她呢!”

“那孩子真不像话，你可不是那样的人，对吧？”

“我才不像她那么蠢呢！我只改成了‘4’！”

动词“爱”的将来时

小姑娘问妈妈：

“妈妈，动词‘爱’的将来时是什么？”

“是出嫁，孩子。”妈妈回答说。

同义词＝骂人

一天，一个十岁的孩子问母亲：“妈，什么是同义词？”

“你说什么？竟然连同义词都不懂！真是个笨蛋。我说你是个笨蛋，就是说你是个傻瓜，是个蠢货。你现在明白同义词的意思了吗？”

“明白了。同义词就是骂人。”

懒惰的结果

妈妈：汤米，你今天放学以后为什么被留下了？

汤米：老师叫我们写一篇题为“懒惰的结果”的作文，

我交了一张白卷。

汤姆的历史考试

姨妈：汤姆这孩子历史考得怎么样？

母亲：唉，糟透了。可话又说回来，这也不能怪他。嗨，他们尽问一些这个可怜的孩子出生前的事情。

不举手

母亲批评儿子说：

“你的手这么脏怎么去上学？”

“没有什么关系，妈妈。”

“什么叫‘没有什么关系’？”

“您放心吧，我在课堂上是不会举手的。”

妈妈提前两年出嫁

小孩问爸爸：

“爸爸，您是什么时候结婚的？”

“二十四岁。”

“那妈妈呢?”

“二十二岁。”

“这就是说,妈妈比你提前两年出嫁了。”

妈妈怎么办

一次,乔治考试的成绩不好,他妈妈生气地说:“去年我为你感到骄傲,这次你怎么了?你曾经是班上考得最好的呀!”

乔治想了一会儿,对妈妈微笑着说:“每个同学的妈妈都想为自己的孩子考得第一而骄傲。如果我老是第一,他们的妈妈可怎么办呀?”

父与子

父亲:吉姆,你要知道,当林肯在你这年龄时,他是一个很好的学生。事实上,他是班里最好的学生。

吉姆:是的,爸爸,我知道。可当他在你这个年龄时,他已是美国总统了。

比　较

乔尼对爸爸说(爸爸正在看儿子的成绩单):“我在班里没有拿到最高的成绩,那你在单位里拿到最高的薪水了吗?”

生命知识

每当孩子们问我问题时,我总是试图坦诚相告。可是,有天晚上,我那六岁的儿子彼得把我难住了。他在晚饭时冲回家来,突然问道:“妈,结婚会使人怀孕吗?”

“不,”我说,“结婚不一定会使人怀孕。”

“那么,”他追问道,“你是怎么怀孕的?”

我不想在吃饭前讨论如此严肃的话题,于是答道:“彼得,这事儿一时半会也说不清楚。”

彼得的小脸上一副调皮模样,他歪着头说:“你也不知道,是吗?”

爸爸的教诲

爸爸对儿子沃顿卡说:

“沃顿卡,你要记住:只有傻瓜才总是相信一切,而聪明人总是怀疑一切。”

“这是真理吗?”儿子问。

“我绝对相信。”爸爸说。

学习的榜样

父亲对儿子说:

“昨天我在马路上捡到了200卢布,然后我把它交给了警察。如果你碰到了这种事,你会怎么做?”

儿子说:

“我会像您一样地说谎。”

像你父亲一样

科林刚从大学回来,穿着颜色鲜艳的方格长裤、丝质袜子、精致的西服背心,以及色彩分明的领带,显得容光焕发。他进入书房,他的父亲正在阅读。老绅士抬头望望他儿子,越看就越觉得厌恶。

“儿子啊,”最后他脱口而出,“你看起来像个傻子!”

后来住在隔壁的老少校进来了,热烈地跟那男孩打招呼。

“科林,”他坦然地称赞说,“你看来就像你父亲 25 年前从学校回来的样子。”

“是的,”科林微笑着说,“父亲刚刚还在告诉我。”

父亲的命令

少年亨利从来不肯按照别人对他要求的那样去做,因此,他的父亲如果想要他去做什么,就总是关照他去做与此相反的事。

一天,父子俩牵着驮着几袋面粉的驴子回家,他们必须渡过一条浅河。当他们到河中心时,亨利牵着的那头驴子身上有一袋面粉开始向下滑动了,父亲见状就对他说:“那袋面粉差不多快要浸到水里了!使劲向下按袋子呀!”

父亲的意思当然是希望他会按照相反的去做,谁知道这一回亨利就照父亲吩咐的那样去做了。他把面粉袋朝下揿,袋子浸入了水中。这一来,装的面粉当然也就完了。

“亨利,瞧瞧你干了些什么?”父亲气急败坏地喊道。

“好啦,爸爸,”亨利说,“我想这一回就照您的吩咐去做,从而来表明你的命令总是那么蠢。”

心目中的英雄

老师要求班上的同学写他们心目中的英雄。爸爸发现女儿选择了他，真是受宠若惊。“你为什么选我呢?”他问。

“因为我不会拼阿诺得·施瓦辛格(Arnold Schwarzenegger)。”女儿说。

别 送 狗

妈妈:“这个女孩真可怜，她失去了爸爸，又失去了最好的朋友——狗。贝丽，你愿不愿意帮助她把你的狗送给她?”

贝丽:“噢，妈妈，我们为啥不把爸爸送给她呢?”

一 张 标 签

刚上小学一年级的雯雯常在学校遗失许多文具用品。她妈妈于是买了许多自粘标签，把她的东西全贴上名字并郑重地告诉她:“贴了你名字的东西，就是你的。以后你的东西就不会丢了，别人捡到也会还给你的。”

雯雯连忙写了一张标签,贴在她妈妈脸颊上,并向她爸爸及哥哥宣布:“以后妈妈是我的了,你们不许来抢。”

别无所求

巴伦不知该送什么东西给他的同龄女友做生日礼物,于是他问祖母说:“奶奶,要是明天是你的十六岁生日,你想要什么?”

祖母欢快地回答:“我什么东西都不要了。”

外销的讲究包装

我姨妈有一儿一女,但她只给女儿买新衣,让儿子穿旧的。有人笑她偏心,她解释说:“外销的,要特别讲究包装。”

你真笨

儿子想学内科。

“你真笨!”父亲骂道,“还是去学牙科吧——人只有一颗心,可是牙齿有三十二颗呢!”

劝嫁

母亲劝女儿嫁给一位富有的老人，女儿激动地叫嚷着："我才不和那人结婚，他太老了！"

"这有什么关系呢？"母亲安慰道，"又不是要煮着吃的！"

触到痛处

母亲给女儿物色了个对象，女儿坚决不同意。母亲问她为什么？女儿启发妈妈："如果有人强迫你跟一个不喜欢的人生活在一起，你会怎么样？"

母亲听了惊叫一声："你这死丫头，想叫我跟你爸分开过吗？"

养活两人

海伦的母亲：喂，乔希，我听海伦说你打算娶她为妻。请告诉我，你的收入够养活一个女人吗？

乔希：够，保证够！我的收入甚至够养活两个女人哩！

海伦的母亲：好极了！到时我也住到你那儿去。

挑牛有法

农夫带儿子去买一头母牛，儿子看到父亲拼命地触摸牛的乳部，不解地问道："爸爸，你为什么要这样做呢？"

"买母牛以前，一定要先检查它的奶水多不多。"父亲回答完儿子以后，挑选了一头母牛。

第二天，父亲在田里耕作，儿子气喘如牛地跑来，大声嚷道："爸爸，不得了啦，邮递员叔叔来买妈妈了。"

大小多少

有个老头，三个闺女都出嫁了。大女婿、二女婿都有一些学问，三女婿是个庄稼人，没读过书，但是老实勤奋。

这天，老丈人做寿，三个女婿都来给岳父拜寿。岳父摆酒席款待三个女婿，还要他们饮酒作诗。丈人说：

"今天我们喝酒吟诗，不醉不罢休，你们连襟三人都得作诗，而且每首诗中定要有大、小、多、少四个字才行。"

大女婿见到丈人手边有一酒壶，于是顺口说：

"岳父大人的酒壶好，底下大，上头小；宾客用得多，自己用得少。"

老头一听，连说："不错，不错！他大姐夫你喝酒。"

二女婿见到丈人手边有把扇子，他也顺口说：

"岳父大人的扇子好，张开大，合上小；夏天用得多，冬天用得少。"

老头又是一番夸奖，说："他二姐夫，你也喝酒。"

三女婿见丈人身边没有东西了，心里发慌，看见岳母正在院子里打酒，他就说："我是个庄稼汉，不会作诗，作得不好您莫见怪。"接着他说：

"岳母大人的长相好，奶子大，肚子小；岳父用得多，别人用得少。"

谁是傻瓜

科尔叔叔来住了几天，临走时，掏出一百先令对侄子汤姆说："这钱你留着零花吧。记住，钱要收好，丢了可就白送人了。"

汤姆激动地说："知道，傻瓜才把钱白送人呢！"

科尔叔叔听后想想说："你说得有道理，我看这钱还是不送的好。"

小的和大的

晚上,三岁的约翰已躺在床上了。他请求母亲:"妈妈,给我一只苹果吧!"

"孩子,太晚了,苹果已经睡觉了。"

"不,小的也许已睡了,但大的肯定没睡!"

我没有看到它

母亲:吉米,今天早上我在食品橱里放了两块蛋糕,现在只剩下一块了,你说是怎么回事?

吉米:哦,我想是因为里面太黑,我没有看见另一块。

别让叔叔听到

"妈妈,这位叔叔头上一根头发都没有了。"

"儿子,小点声,别让叔叔听到了。"

"难道他不知道自己没有头发吗?"

礼物该给谁?

一个有五个孩子的父亲带着一件玩具回到家里，把孩子们召集起来，问这件礼物应该给谁。“谁最听话，从不和妈妈顶嘴，让干什么就干什么?”他问道。

大家都不吭声。过了一会儿，孩子们异口同声地说：“爸爸，您玩吧。”

没 关 系

我赶着开车将十一岁的女儿送到学校去，在红灯处大拐弯了，而那是不允许的。“啊噢，”我意识到犯了错误，就说，“我刚才拐弯是违章的。”

“我想那没关系的，”女儿回答说，“我们后面的警车也同样拐了弯。”

没有带钱

“乖儿子，你到裁缝师那儿把我的西服拿回来没有?”

“没有钱他不肯把衣服给我，爸爸。”

“你没告诉他我认为你太小，不能带钱？”

“说了，可是他说他要保留衣服，直到我长大一点！”

你会省得更多

“妈妈，你今天一定会对我满意的，”迪克放学回家后对妈妈说，“我省下了车钱。我上学时没乘公共汽车，而是跟着公共汽车一路跑到学校的。”

“哦，”他妈妈笑着说，“下次你跟在出租汽车后面跑，那会省得更多。”

新奇化妆

一个妇女在美容院接受了最新化妆术。十分钟后，她的嘴唇一片鲜红，眼睛用眼线、眼影、睫毛膏抹得非常鲜艳。她不知一般人对这副装扮反应如何，便戴上太阳眼镜回家。回到家，三岁的小儿子正在屋外玩耍，他五岁的哥哥在屋里。她决定先试试大儿子有何反应，于是进了屋，摘下太阳眼镜。大儿子看了张口结舌，过了一会才说：“你，你已经不像妈妈了。”

这个妇女非常不安地问：“我把它统统洗掉好吗？”

大儿子说:“不要,我们到外边去把弟弟吓一跳吧!”

回 忆

我们总共十个人,聚在一起祝贺已成为寡妇的妈妈的八十岁生日。谈的话题是我们家早年的挣扎,走着去上班,在“新衣会”里存钱准备买衣裳。这时我姐姐说:“当然,我们的生活没有法子不艰难,因为我们家孩子太多了。妈妈,您为什么要生这么多的孩子?”

妈妈看了我们一圈说:“那么,你想让我在哪儿停住呢?”

两磅李子

母亲:我让小儿子来买两磅李子,可你只给了他一磅半。

店主:我们的秤准确无误,太太。您称过您的小儿子了吗?

探望病人

几年前,我妻子动手术时,医院有条规定:禁止十二岁以下的儿童探望病人。我们十一岁的孩子似乎能理解,可六岁的女儿对此却非常伤心。等听到她给她妈妈打电话，我们才明白她为何如此分外激动。在电话里，她边说再见，边哭着喊道："妈妈，等我十二岁时一定去看你！"

激动的话

五岁的儿子对摩托车有强烈的爱好。只要看见一辆摩托车，他就会高兴得哇哇直叫，并激动地说：

"瞧这辆！瞧这辆，我总有一天也要有一辆。"他爸爸的回答老是"只要我活着，你就别想有这玩意儿"。

一天儿子跟他的小朋友在说话，有一辆摩托车开了过去。他兴奋地指着摩托车叫道："瞧这辆！瞧这辆！等我爸一死我就要有这样一辆摩托车了。"

我以后怎么办？

儿子试图说服他年老的妈妈，用她一辈子过俭朴生活储存下来的钱享受一下。"妈妈，"他说，"您那些钱足够您享用到一百岁了。"

"那么以后我该怎么办呢？"她问道。

幸运的母亲

一位年轻的母亲认为，世界上还有许多受饥饿的人，浪费食物很不应该。有天晚上，她给女儿一片新鲜的黑面包和黄油，但孩子说她不喜欢这样吃。她还要一些果酱涂在面包上。

母亲看了女儿几秒钟，随即说道："玛丽，当我像你一样小的时候，总是吃面包加黄油，或者面包加果酱，从来没有面包既加黄油又加果酱。"

玛丽看了母亲一会儿，眼中露出怜悯的神情，然后她柔声说："您现在能跟我们生活在一起难道不感到高兴吗？"

童稚

太阳和月亮

两个男孩在谈论太阳和月亮。“它们中哪一个更有用?”其中一个问。“当然是月亮。月亮是在天黑的时候挂在空中。可是太阳是在白天谁也不需要它的时候出现在空中。”

谁的父亲更强壮

吉尔和尼尔在为谁的父亲更强壮而争吵。吉尔说:“喏,你知道太平洋吗?就是我爸爸为它挖的洞。”

尼尔不屑一顾:“噢,那没什么。你知道死海吗?那是我爸爸杀死的。”

牙 痛

有两个同学在谈论牙痛的事。

“听说你的牙总是痛,如果是我的话,早就把它给拔了。”

“如果这牙是你的,我也会这么想。”

他的足球能出来玩一会吗?

小男孩在敲他朋友家的门。他朋友的妈妈来开门了。他说:“迪安能出来玩一会儿吗?”

“不能,他恐怕不行,”迪安的妈妈说,“外面太湿了。”

“那么,”小男孩又问,“他的足球能出来玩吗?”

互不吃亏

火车徐徐进站了,欧文先生准备下车买块蛋糕,可外面正下着大雨。他突然看见月台上站着一个小男孩,便招招手喊道:

“喂,小孩,我给你十个美分,请你买两块蛋糕,一块归你,一块归我。”

一会,小男孩兴冲冲地转来,他一边吃着蛋糕一边喊道:“先生,售货亭只有一块蛋糕了,所以我只买了一块,这五美分仍退还给你,咱们谁都不吃亏。”

神父与上帝

小彼得自豪地对他的朋友说:“我叔叔是神父,所有的人都称他尊敬的神父。”小保罗说:“我叔叔是主教,谁跟他说话都称他阁下。”小拉克乌斯不服气了:“这有什么了不起,我叔叔体重150公斤,所有的人见了他都喊道:噢!我的上帝!”

引信太短

在公共浴池里,两个小孩看到一个男子肚子很大,就问他:

“叔叔,你的肚子这么大,里面有什么呀?”

“有一颗炸弹。”男子回答。

一个小孩对另一个说:

“咱们把它引爆了吧!”

“危险,引信太短。”

重叠的例子

“孩子们,你们谁能举出一个两件事完全重叠的例子?”

“我能!我爸爸和妈妈的婚礼完全是在一天里办的。”

近亲结婚

小强的父母离婚了,过了一段时间他们又复婚了,我跟女同学说:"小强的生父和生母结婚了。"

她睁大眼睛惊讶地说:"天哪!那不是近亲吗,怎么能允许他们结婚呢!"

小妹妹

保育员:乔尼,你难道不喜欢你新生的小妹妹?

乔尼:她还可以,但要是个男孩就好了。威利先有了一个新生的小妹妹。现在他该认为我又在学他的样子了。

服务员与顾客

太有礼貌

一名妇女经常光顾一家小古董店,但几乎从不买什么东西,却总是对商品和价格吹毛求疵。对于那妇女的粗暴抱怨,经理和她的销售员总是应付了事,但是有一天她做得太过分了。"为什么从你们店里总是不能得到我想要的东西?"那名妇女指责说。

职员脸上带着微笑,沉着地回答道:"也许是因为我们太有礼貌了。"

我们俩都错了

在一架从纽约飞往日内瓦的客机上,我邻座上的一位乘客对飞机上的服务员纠缠不休,并侮辱服务员。然而后者非常有效率地满足了他的每一项要求。忽然,这位可憎的邻座说:"你是我遇到的最笨的人。"

"而您是我遇到的最和善的人,"服务员冷静地回答,"但是也可能是你我都错了。"

头等舱不到洛杉矶

一个金发碧眼的女人上了飞机，在头等舱坐下。空姐过来检票，告诉她："您的机票是普通舱的，不能坐在这里。"女人说："我是白种人，是美女，我要坐头等舱去洛杉矶。"空姐无可奈何，只好报告组长。

组长对美女解释说："很抱歉！您买的不是头等舱的票，所以只能坐到普通舱去。""我是白种人，是美女，我要坐头等舱去洛杉矶。"美女仍然重复着那句话。组长没办法，又找来了机长。

机长俯身对美女耳语了几句，美女立马站起身，大步向普通舱走去。空姐惊讶不已，忙问机长跟美女说了些什么。机长回答："我告诉她头等舱不到洛杉矶。"

言 多 语 失

作为空姐，我们受过严格的语言训练。尽管这样，我还是失过言。

那次在航线上，我关切地询问一对年轻的外籍夫妇，是否需要为他们的幼儿预备点早餐。那位男顾客出人意料地用中国话答道:“不用了,孩子吃的是人奶。”为进一步表示诚意,我毫不犹豫地说:“那么,如果您孩子需要用餐,请随时通知我好了。”他先是一愣,随即大笑起来。我如梦初醒,羞红了脸,为自己的失言窘得不知如何是好。

如果有枪

飞机起飞时间一拖再拖,两百多名乘客在机场等待整整二十四个小时,最后,终于通知旅客们可以登机了。在通过机场安全检查时,一位旅客大声嚷道:“还有什么必要在我们身上找武器呢?要是谁有的话,他一定早开枪了。”

他离家时六岁

因为飞机起飞延误,有个人在机场等着接人已经三个多小时了。他走近问询处打听飞机到达时间的最新消息。他非常着急,因为他是来接侄子的,而侄子是第一次乘飞机。

“男孩多大了?”航空公司的人关心地问。

“他离开家时六岁。”他不客气地回答。

只剩一个引擎

一架747客机正在跨越大西洋时，传来了机长的声音："旅客们请注意，我们的四个引擎 中有一个失效了。但剩下的三个引擎会把我们带到伦敦的，只是我们要因此晚到一小时。"过了一会儿，旅客们又听到机长的声音："各位，你们猜怎么啦？我们刚又失去了第三个引擎。但请你们相信好了，只有一个引擎我们也能飞，但要晚三个小时了。"正在这时，一位乘客非常气愤地说："看在上帝的份上，如果我们再失去一个引擎，我们就要整夜呆在天上了。"

省　　事

轮船横渡英吉利海峡，从韦穆特到泽西岛去，一路风浪极大。一个痛苦不堪的乘客脸色发绿，紧靠着船栏杆。这时，一个餐厅服务员走近他。

"先生，您要吃午餐吗？"不善察言观色的服务员问道。

"不吃了，谢谢你，"乘客呻吟着说，"你干脆把它倒进海里，省我一番事……"

无所适从

司机:“喂,先生,你没看见那张‘请勿吸烟’的宣传标语吗?”

乘客(香烟在手):“看到了,可我都让你们给弄糊涂了,这边上不是还有‘请穿美人鱼牌胸罩’的广告吗?难道我也要穿吗?”

从哪儿掏钱

某晚,一裸男叫了一辆出租车,女司机目不转睛盯着他看,裸男大怒:“你他妈没见过裸男呀!”

女司机也大怒:“我看你他妈从哪儿掏钱!”

剩下的由我来办

当一位车上的列车员刚要发出信号让火车启动时,他看见一位很漂亮的姑娘站在站台上一节打开的车厢门旁边,跟车厢里的另一位漂亮的姑娘在说话。

“快点,小姐!”他喊着;“请把车门关上!”

“噢,我还没和妹妹吻别呢。”她回答说。

“请把门关上好了,”列车员说,“剩下的事由我来办。”

今天早上还没有呢!

一个从美国得克萨斯州来的爱吹牛的人乘出租车在伦敦观光。

“这是什么建筑物?”得克萨斯人问。

“先生,那是伦敦塔。”出租司机回答。

“我跟你说,在我们那儿两星期就可以建起一座这样的建筑物。”得克萨斯人拉长腔调说。

过了一会儿他又问:“我们刚才经过的是什么建筑?”

“先生,那是白金汉宫,是女王住的地方。”

“是吗?”得克萨斯人说,“你要知道在我们那儿像这样的宫殿只需一个星期就能建成。”

几分钟后他们又经过了威斯敏斯特大教堂。这位美国人又问:“嘿,司机,那边儿是什么楼?”

“先生,恐怕我也不知道,”司机说。“今儿早晨还没有呢!”

系好领带

有个面貌凶恶的男人，出现在一家银行的出纳柜前，把一张纸条拿给出纳员，上面写着："把钱全部拿过来，如果出声我就杀死你！"

出纳员把钱拿给他时，也递一张纸条给他，上面写着："请你把领带系好一点，现在正给你录像。"

没准你会和他一样幸运

一个保险推销员在使劲说服一位顾客去办理保险。"上个星期我给一位只有三十三岁的人办了人寿保险。第二天那人就出事故死了。我们公司立刻给他家赔偿 10 万英镑。你想想，没准你会和他一样幸运的。"

防弹背心

一男人走进一家商店。问老板："买防弹背心保险吗？"

"当然啦，"老板回答，"卖出去那么多，从来没有人退换过。"

“要是我穿上它被枪杀了怎么办?”

“那我保证退钱给你。”

一头四百

来到乡下简陋旅馆的男子,为了免被敲竹杠而问道:“这种小猪舍似的房间住一晚多少钱?”

店主不慌不忙答道:“每晚一头四百元,两头六百元。”

胜者在哪里?

顾客:“这只龙虾只有一只爪子。”

侍者:“我猜应该是在打架时弄丢的,先生。”

顾客:“好样的话,给我那只打胜的。”

旅客和经理

“这是什么,每天都收我水果费?”旅客问经理,“我们一个也没吃。”

“可是水果每天都在您的房间,而您自己不去享受这种待遇,这就不能怪我们了。”

“我明白了。”他说着从账单里减去了 150 美元。

“你在干什么?”经理唾沫飞溅地说。

“我每天扣除50美元你吻我妻子的钱。”

“什么? 我根本就没吻过你的妻子。”

“嗯,”这人回答说,“可她也在这儿……”

不能自带饮料

一对夫妇带着吃奶的孩子去餐厅用餐,孩子哭闹,女人赶紧掀衣,服务生制止,女人大怒:“难道这也不行吗?”

服务生说:“露胸可以,但不能自带饮料。”

切成四块

一天,B君在一家饭店要了一份意大利比萨饼,女侍问他将饼切成四块还是八块。

他犹豫了一下说:“我恐怕吃不完八块,还是将饼切成四块吧。”

道理相同

一位顾客挑中了一件猪皮袄,说:“这件皮袄我喜欢,但它怕水吗?”

售货员解释道:“当然不怕啦！难道您见过打雨伞的猪吗?”

狗腿太短

顾客说:

“我挺喜欢这条狗的,可是,我觉得它的腿太短了。”

售货员说:

“上帝啊！这条狗的腿还算短！难道它够不到地吗?”

用手搅拌

咖啡馆里,侍者给一位女士端去一杯滚烫的咖啡,但他忘了拿调羹。女士幽默地提醒他:“侍者,我可没法用我的手指来搅拌这杯热咖啡呀!”侍者听后,赶紧又端上一杯咖啡:“夫人,这一杯不太热,你可以用手指来搅拌。”

圣诞卡片

一位年轻人来到卖圣诞卡片的柜台前面。

“你们这儿有表达情意绵绵的卡片吗?”他问道。

“这张比较可爱。”女售货员答道。只见上面写道:“赠给我唯一心爱的姑娘。”

“太好了,请给我拿四张,不,六张。”

钉子便宜

在日用品商店里,顾客问售货员:

“我想买便宜点的挂衣架,你们有吗?”

“这种 5 卢布一个。”售货员把衣架拿给顾客看。

“有没有更便宜点的?”

“有。钉子。”

扔石头

我叔叔有一次出去买东西,发现忘了带钱包,兜儿里只有几个硬币。他想往家里打个电话,电话员要他再付 25 分。

“再交 25 分?”我叔叔叫道,“我从这扔个石子儿都能打到家里。”

电话员不慌不忙地说,“既然这样,先生,我建议您还是写个纸条系在石头上扔回家去。”

调皮小子

一天,有个调皮的男孩学着大人的样子来到理发店,要求刮胡子。理发师让他在理发椅上坐下来,并在他脸上涂满了肥皂水,便跟别人闲扯去了。那个男孩等得不耐烦,叫了起来:“理发师先生,你什么时候才替我刮胡子呀!”

“我在等你胡子长出来呢!”理发师答道。

迷你裙

一天,一位穿迷你裙的摩登小姐走进一家洗衣店,该店年轻的老板直盯着她看。这时,小姐非常得意地对老板挥挥手,说:“年轻人,干你的活去吧!”而老板则一脸严肃地说:“说实话,小姐,我是关心本店的声誉。你这条裙子该不是在我们店洗缩水的吧。”

当作新的

考古学家:“这个瓶子已经有两千年历史了,搬运时你们要特别小心呀!”

搬运工:“放心好了,教授,我们会把它当作是新的一样小心的。”

缺什么

建筑师为大富商建造了一座陵墓,富商问忙了一年的建筑师:“也许还缺点儿什么吧?”建筑师说:“现在就缺你了。”

只信上帝

有个穷人写了一封信寄给上帝,要求上帝给他一百元钱,信封上写着“慈悲的上帝收”,然后投进了邮筒。邮局的职员将信拆开来看,同情地寄了五十元钱给这位写信的穷人。

第二天,邮局又收到了一封寄给“慈悲的上帝”的信件,拆开来看,上面这样写着:“伟大的上帝,我从前就怀疑邮局职员的诚实性,现在更证实他们是小偷,因为你所赐给我的一百元钱,我只收到五十元。”

今日客满

一位打扮得很入时的小伙子来到一家高级饭店，一进门就递给招待员一个先令。招待员不解地用手掂着这个先令，讪笑着说："怎么，你是要用这钱订酒席吗？"小伙子忙解释说："不，不，待会儿我陪一位姑娘来，请你大声对我们说：'今日客满，请到别处。'谢谢啦！"

应该骂你

杰夫在商场选出两条领带，问售货员："小姐，这两条领带哪一条好呢？"

售货员回答："先生，我看这两条都很好。"

"哦，你真会说话。假若你是我太太，你会怎么办？"

"我就要骂你，快点呀，不要考虑那么久！"

百万富豪的精打细算

在去美国出公差之前，一名男子开着劳斯莱斯到伦敦市中心的银行，进去要求预借现金 5 000 英镑。

贷款部服务人员要他留下抵押品。

“嗯,那么,这是我劳斯莱斯的钥匙。”男子说道。

贷款部的人员马上拿着钥匙把车开到地下室的停车中心去保管,接着就拿5 000英镑给他。

两个礼拜以后,男子走进银行的大门,要求偿还贷款并把车领回。

“您预贷的款项为5 000英镑,加上15英镑的利息。”贷款部的人员解释道。

这名男子开了张支票后准备离去。

“先生等等,”贷款部人员说道,“在您离开后,我发现您原来是个百万富豪。您怎么可能会需要向银行借5 000英镑?”

男子微笑道,“在伦敦有什么地方可以停两个礼拜的车子却只收15英镑呢?”

如此广告

一位牛奶商贴出了这样一则广告:“如果你连续一千二百个月每天都喝上一杯牛奶,你肯定能活一百岁!”

这是电梯

一个爱尔兰乡下人前往伦敦度假，住进一家高级饭店。服务生拿起箱子，带他去房间。

爱尔兰人生气地说："看着点儿！别以为我来自爱尔兰，就让我住这么个小房间！"

服务生连忙解释道："别生气，先生！这是电梯。"

他刚去过动物园

当我在银行里排队时，发现一位妇女抱着一个小孩站在一个窗口前。小男孩正在吃一个面包卷，并将面包卷戳向出纳员，出纳员笑着摇了摇头。

"别这样，亲爱的。"男孩的妈妈说。然后她转向出纳员说："对不起，小伙子。请原谅我的儿子，他刚去过动物园。"

老板与雇员

急需工作

在劳动介绍所里,有个求职者说:

“我急需工作,因为我要养活妻子和五个孩子。”

介绍所的官员问他:

“除了生孩子,你还会什么技术?”

人尽其才

约翰来到职业介绍所,对咨询人员说:“我实在不知道该给我儿子找一个什么样的工作,他是那么不可靠。”

咨询人员想了想说:“让他去气象台搞天气预报吧!”

选经理助理

正在举行挑选经理助理的考试。考官问:

“请设想一下,假如你驾驶汽车在大街上遇到了三个人请你捎脚,一个是你的首长,一个是老太太,一个是漂亮小姐。你准备捎带他们中的哪一个人呢?”

有位考生回答:

"我就从车里出来,把车钥匙交给首长,让他把老太太带到指定的地方。而我留下来陪姑娘。"

幽 默 广 告

招聘广告——英国一家报纸的广告栏刊登这样一则广告:"本牙科医生迫切需要一位女秘书兼接待员,请打电话联系。如无人接电话,则职位还空着。"

招生广告——某法语学习班的招生广告说:"如果你听了一课之后不喜欢,你可以要求退回你的学费,但必须用法语说。"

化妆品广告——美国一家化妆品公司的广告是:"趁早下'斑',请勿'痘'留。"

眼药水广告——"……滴此眼药水后,将眼睛转动几下,可使眼药水遍布全球。"

理发店广告——某理发店的墙上贴着这样一则广告:"别以为你丢了头发,应看作你赢得了面子。"

饭店广告——一家饭店门前立着一个广告牌,上面写着:"请你到这里来用餐吧!否则你和我都将挨饿了。"

巧妙的招聘广告

美国宪法中规定禁止任何形式的歧视，包括性别、年龄、种族、宗教，等等。一家公司有一个职位只想雇用男性员工，但又怕遭到妇运团体的控告，因此贴出这么一个征人广告：

“征员工一名，条件是必须在上班时间打赤膊而不会影响到周围其他同仁的工作效率和情绪。”

一位新雇员

一位被雇用了几个星期的年轻男士被叫到人事处处长的办公室。

处长问：“这是什么意思？你申请工作时对我们说你已经有五年的工作经验，现在我们发现这是你的头一份工作。”

“哦，”那位年轻男士答道，“你们的招聘广告上说你们需要有想象力的人才呀。”

各有所长

雇主:“喂！你难道不知道吗？在公司里面撒谎的人，会有什么结果呢？”

年轻的职员:“我当然知道,撒谎的人将被任命为售货员……”

专业对口

经理对老板说:“海恩斯这家伙简直不可救药！他整天打瞌睡,我都给他换了三个工作部门了,可他仍然恶习不改。”

“让他去卖睡衣吧。在他身上挂一块广告牌：优质睡衣,当场示范。”老板说。

职员留胡子

“先生,你得到理发店去修修面。”经理对一个职员说。

“但是,先生,我正在留胡子。”那个职员争辩说。

“你在家里爱干什么就干什么,”经理说,“但你不能在上班时间留胡子。”

留了一些

佩尔在城里的一家大公司工作，常常在工作时间去理发。

这天，佩尔又在办公时间去理发了，谁知，公司经理不久也进了理发店，佩尔低下头，想不让经理发现，但经理正好坐在他旁边，很快看见了他。

“喂，佩尔，”经理说，“你为什么在办公时间来理发?”

“是的，先生，”佩尔平静地说，“但你瞧，我的头发是在办公时间长起来的。”

“但你的头发并不全是在办公时间里长起来的!”

“是的，先生，你说得对，”佩尔彬彬有礼地说，“所以我现在并没有把头发全部剪掉。”

美　貌

老板和我讲话的时候，新来的那位年轻貌美的女同事刚好走过来。他虎视眈眈地望着她，目送她离开，才说：“我的天！真漂亮！真迷人!”

我说:“有五个孩子了。”

他叫道:“难以想象这么年轻的妈妈。”

我说:“我是说你!”

夫人来电

女秘书:“经理,你的太太在电话中说她要和你在电话里吻别。”

经理:“我现在忙得很,我不是对你说过,不论什么事情,由你先接,等我有空的时候再转给我吗?”

何处许愿

经理追求女秘书说:“亲爱的,你不是答应嫁给我吗?”

“我在哪里说过这话?”

“飞机上。”

“哦,那是空话。”

我是谁

在一个企业俱乐部的舞会上,一个年轻的男职员提醒他偶遇的舞伴说："你别老瞅那个老傻瓜，他是个十足的白痴。"

"他不是你们的经理吗？"女的问。

"是的。"男的答道。

"你知道我是谁吗？"

"还不了解。"

"我是你们经理的妻子。"

"可你知道我是谁吗？"男的问。

"不知道。"

"啊，那就谢天谢地啦！"

死而复生

"你相信人死后有生命吗？"老板问他的一个雇员。

"是的，老板。"这个新雇员答道。

"这样的话，事情就对了。"老板继续说，"昨天你请假去参加你奶奶的葬礼，你离开以后，你奶奶到这儿看你来了。"

以牙还牙

一个吝啬的老板叫仆人去买酒，却没给他钱。仆人问:“先生,没有钱怎么买酒?”

老板说:“用钱去买酒,这是谁都能办到的,如果不花钱就能买到酒,那才是有能耐的人。”

一会儿,仆人提着空瓶回来了。老板十分恼火,责骂道:“你让我喝什么?”

仆人不慌不忙地回答说:“从有酒的瓶中喝到酒,这是谁都会的,如果能从空瓶里喝到酒,那才是真正有能耐的人。”

犹可自慰

教练员安慰败下阵的拳击手说:“没关系,第三局的时候,你不是也把他吓得够呛吗!”

“他也怕我?”

“是呀,他以为把你打死了!”

我们

女管家向新上任的神父说他的房子需要修理一下。

“神父!你的屋顶需要修理,”她说,“还有,你的锅炉也失灵了。”

“丽莎太太,”神父善意地提醒她,“你在这里的时间比我还要长，何不说是‘我们’的屋顶和‘我们’的锅炉？”

几星期后，神父和主教及其他神职人员开会时，女管家十分惊慌地冲了进来。

“神父，神父，”她嚷道，“我们的卧室里有只大蟑螂，就在我们的床底下！”

船长的命令

有一位船长带领一批新水手航行在大海上，突然，一只海盗船向他们驶来。水手们一片惊慌。然而船长很镇静，他向副手说：“拿我的红色衬衫来！”船长穿上他的红衬衫，指挥水手作战，终于战胜了海盗。这天，又来了两艘海盗船，水手们又害怕起来。船长仍镇静地说：“拿我的红色衬衫来！”终于又打败了海盗。水手们不解地问：“你为什么总要穿红衬衫打仗？”船长说：“这样做，万一我受伤，你们就不会因看到鲜血而惊慌。”这天，突然来了十几只海盗船。这次，水手们更加害怕，他们都紧张地看着船长，等着船长拿红衬衫的指示。船长想了半天，对等着他命令的副手说：“拿我的酱色裤子来！”

中间战术

三个互相争生意的商店老板在一条商业街上租用了毗邻的店铺。旁观者等着瞧好戏。

右边的零售商挂起了巨大的招牌,上书:“大减价!特便宜!”

左边的商店挂出了更大的招牌,声称:“大砍价!大折扣!”

中间的商人随后准备了一个大招牌,上面只简单地写着:“入口处。”

经营之道

某娱乐城生意极好,同行老板大惑不解,故宴请该娱乐城经理,欲趁其酒醉时,诱其透出其中奥妙。

果然,当经理醺醺然时,得意忘形道:“我那儿的生意为啥这样火爆?主要是因为门口的霓虹灯广告坏了,把‘娱乐城’三字变成了‘女乐城’……”

Ⅶ

医生与病人

另有原因

一个爱唠叨的女病人终于坚持不住了，她对医生说："你让我把舌头伸出来，已经过去五分多钟了，你却不给我检查，这是为什么？"

医生说："让你把舌头伸出来，是为了让你别打扰我给你开处方。"

先把猫引出来

"医生，医生！"一位惊慌的妇女叫喊着，"我的丈夫张着嘴睡觉时，吞进了一只耗子！我该怎么办呢？"

"这容易，"医生平静地回答，"你把一小块干酪用细绳系上，吊到你丈夫的嘴里，当耗子咬住时你一拉细绳就出来了。"

"噢，我明白了。谢谢你，医生，我马上去鱼商那里弄个鱼头来。"

"你弄个鱼头有什么用？"

"噢——我忘了告诉您，我得先把猫引出来！"

病人的要求

医生给一个男士看过病后,对他说:

“先生,对您来说最好的治疗方法是停止喝酒和抽烟。此外,每天要早点睡觉和远离女人。”

这位病人却说:

“尊敬的大夫,我不值得使用最好的治疗方法,您是不是能介绍一个疗效差点的方法?”

活一百岁

一位男子来找医生说:“医生,我能不能活一百岁,请你看一看好吗?”

医生一边诊查,一边问:“你喝不喝酒?”

“不喝。”

“你有没有抽烟?”

“没有。”

“你有没有什么乐趣?你对自己的工作以及每天的生活觉得愉快吗?”

“不大愉快。”

“那你要活一百岁做什么呢?”

大吃一惊

护士:“喂！您是教授吗？告诉您一个好消息,您做爸爸啦！——就在刚才!”

教授:“请你不要告诉我妻子,我要让她大吃一惊!”

是男是女

妻子临产了,丈夫和他的亲戚都围在接产室前焦急地等待着。终于,一位护士把新生儿抱了出来,大家一下子围了上去。

“是男孩还是女孩?”

丈夫最想知道结果,一着急就把手伸进婴儿的襁褓,刚摸索了一下,就高兴地大叫起来:“是男孩!”

“什么男孩!”护士生气地叫道,“快把我的手指放开!”

戒烟良方

医生问病人:

"您抽烟吗?"

"不,不抽烟。"病人回答。

"那太遗憾了!如果您抽烟并且现在把烟戒了,一定会对治好您的病有帮助。"

请别担心

医生:"坦率地说,你的病真叫我们伤脑筋。不过请放心,我们会在尸体解剖时查明是什么病的。"

把账单给我父亲

医生:"对你的抱怨我无能为力。那是遗传病。"

病人:"那请你把账单给我父亲吧。"

给惯偷看病

医生对一名患者说:

"你的病诊断已经很清楚:患的是惯偷症,而且偷盗成癖,已经病入膏肓啦!"

"那就请您给开个药方吧!"

"暂时还没有好的治疗方法,不过你得先把钢笔还给我。”

令人担忧的手术

有位患者要接受手术，但心里特别紧张，进了手术室后又溜了出来。

“你为什么要从手术室溜走呢？”大夫问。

“因为护士小姐说：‘要做的只是个小手术，请别紧张！’”病人说。

“她说得对呀，的确是个小手术，你干吗要溜呢？”

“可是，她不是对我说的，是对主刀的年轻大夫说的。”

转个方位

一个医生正在给病人看病，他的护士闯进来：“对不起，你刚治完的那个男人，一出门就倒在门前的台阶上了，我们该怎么办？”

“把他转过身来，”医生回答，“让别人一看就知道他正准备进门。”

视力未恢复

有个老太太罹患眼疾，请了个医生来。医生对她承诺，如果万一她的眼睛没复原的话，就不收取任何医药费，可是如果医好了，她应付他要求的所有费用。医生每天到她家里，去为她的眼睛做药物治疗。他是个很卑鄙的家伙，每次到她家，都未经许可拿走一些属于她的东西。一个月后，她的眼睛完全治好了，因此医生便要求她付医药费。但是这项要求被拒绝了，因为老太太说，她看不到她所有的家具，这证明她的视力仍然没有恢复。

猩红热传染

一个男子给医生打电话：“大夫，我儿子得了猩红热。”

“我知道了。昨天我去看过他了，你恰巧不在家。把他隔离，别与家人接触就行了。”

“哎，您不知道，他吻了女仆。”

“太不幸了，她也必须隔离。”

“但我又吻了女仆，大夫。”

“那就不好办了，你可能也被传染了。”

“是的，可后来我又吻了我老婆。”

“什么？”大夫大叫起来，“那我可能也被传染了。”

伤情严重

“我出什么事了？”有位交通事故的受害者苏醒后含糊不清地问。

“您遇到交通事故了，已经给您做了手术。”医生告诉他。

“那就是说，我现在躺在医院里！”

“是的，您身体的大部分还在医院里。”

精神病院

某精神病院新来护士一名，此女初来乍到，见院中有一病人围着一口古井打转，口中念着：“13，13……”小护士心中颇为奇怪，想不出这个“13”是何含义，连续观察几日，均是如此。她总想上前问个究竟，但害怕病人发作，始终不敢。

一日，小护士终于按捺不住好奇心，慢慢地走到那个病人身边，探头向井中观望。突然那个病人抱住护士的双腿，向上一掀，把她扔进了井里，随后在井旁边跑边念：“14，14，14……”

上帝说的

精神病院里，一名患者对医生吼道："我是国王，你们都要听我的！"

医生皱了皱眉头："谁告诉你的？"

"上帝说的！"

这时，另一名患者跳了出来："我没有说过！"

唱歌翻了个身

一精神病患者在床上唱歌，唱着唱着翻了个身，趴在枕头上继续唱歌，主治医生问："唱就唱吧，你翻身干吗？"神经病人说："A面唱完了当然要唱B面了。"

同你一样

希特勒来到一个精神病院视察。他问一个病人是否知道他是谁，病人摇摇头。

于是，希特勒大声宣布：

"我是阿道夫·希特勒，你们的领袖。我的力量之大，可以与上帝相比!"

病人们微笑着,同情地望着他。其中一个人拍拍希特勒的肩膀说道:

"是啊,是啊,我们开始得病时,也像你这个样子。"

割耳朵的结果

有一位精神病院的医生问患者:"如果我把你的一只耳朵割掉,你会怎样?"

患者回答:"那我会听不到。"

医生听了:"嗯嗯。很正常。"

医生又问道:"那如果我再把你另一只耳朵也割掉,你会怎样?"

患者回答:"那我会看不到。"

医生开始紧张了。"怎么会看不到呢?"

患者回答:"因为眼镜会掉下来。"

百 密 一 疏

某精神病院听说领导要来医院视察情况,于是,院长召集所有病人开会。在会上,院长讲道:"今天下午,有很重要的领导要来参观，所有的人都要去门口欢迎。在欢迎的时候，所有病人站在医院大门口两边，要站整齐，当我咳嗽的时候，大家一起鼓掌，越热烈越好；我跺脚的时候必须全部停止，不能有一个出错。要是大家都做好了，今天晚上可以给大家吃肉包子，不过，只要有一个人弄砸了，所有的人都没有包子吃，记住了吗？”

台下病人一起喊道：“记住了！”

这天下午，领导准时到来，当他步入大门的时候，欢迎的病人已在门口站好了。这时，随着院长一声咳嗽，所有的病人一起鼓掌欢迎，气氛十分热烈。来参观的领导受到热烈气氛的感染，面带笑容，和大家一起鼓掌步入医院。见领导已经走进了医院，院长一跺脚，所的掌声都停止了，非常整齐。只有这位领导还在面带笑容一边鼓掌一边前行，院长感到非常满意。

忽然，从欢迎的人群里蹿出来一个壮如施瓦辛格的病人，大步冲到领导面前，抡圆了给了他一个大耳光，气愤异常地吼道：“你不想吃包子了？!”

采访精神病院院长

记者采访精神病院院长，问怎样确定病人已经治愈，可以出院。院长说:“很简单,把浴缸注满水,旁边放一把汤匙一把舀勺,要求把浴缸里的水弄光。”

记者说:“噢！明白了,正常的会使用舀勺。”

院长说:“不,正常的会把浴缸的塞子拔掉……”

难　题

有位心理医生对同事诉苦说:

“有个病人没完没了地建议我买他的尼亚加拉瀑布,您说我该怎么办呢?”

“那您就买下它算了。”同事建议说。

“可是我买不起呀,太贵了!”

还是如此

某精神病院大夫准备与一位即将出院的精神病人谈一谈,以确认该病人是否已经完全康复。

大夫:“你出院以后准备干些什么呢?”

病人:“拿石头把你们医院的窗户玻璃全部打烂。”

大夫听后发现这个病人还没有完全康复,因此决定继续治疗。又过了几个月以后,大夫觉得这个病人好像可以出院了,就决定再和他谈谈。

大夫:“你出院以后准备干些什么呢?”

病人:“找份工作。”

大夫:“然后呢?”

病人:“挣钱。”

大夫:“然后呢?”

病人:“攒钱。”

大夫:“然后呢?”

病人:“娶个媳妇。”

大夫:“然后呢?”

病人:“入洞房。”

大夫:“然后呢?”

病人:“把她的衣服脱了。”

大夫:“然后呢?”

病人:“把她的裤子脱了。”

大夫:“然后呢?”

病人:“把它的内裤脱了。”

大夫:“然后呢?”

病人:“把内裤上的橡皮筋抽出来,做把弹弓,再找些石头把你们医院窗户玻璃全部打烂。”

中彩以后

有位得了严重心脏病的人中了大彩，得了100万美元，但是他自己并不知道。亲属们决定对他保密，以免他乐极生悲。

医院的一位大夫劝他的亲属说：

“还是让我来给他说说这件事吧！我也有心脏病，我知道在这种情况下该怎么办，我会慢慢来的。”

大夫来到中彩病人的床前，开始时只是跟他聊聊一般家常。过了15分钟后，谈话走上了正题。大夫问他：

“如果您摸彩中了1 000美元，您会干什么？”

“我会为全家人办一桌丰盛的酒席。”

“如果您中了1万美元呢？”

“那我会邀请所有朋友到最高档的餐馆吃一顿。”

“如果您中了10万美元呢？”

“请您相信，到时候我会送给您和您的夫人意外的礼物。”

“哦，如果您中了100万美元呢？”

“朋友，到时候我会分给您一半的。”

大夫听到这句话后就晕倒在了地板上。

选皮肤病专业的好处

第一位大夫问：

“为什么您选择了皮肤病专业?”

第二位大夫回答：

“因为皮肤病患者从来不会半夜叫我，也从来不会因为患皮肤病死人，当然大夫也很少能够治愈皮肤病。”

警察·法官

怎么办

年轻的警察们在进行考试。“现在我们假定,”考官说,“深夜,一位漂亮的女郎找到你,抱怨某个陌生人纠缠她,企图拥抱她吻她。你将怎么办?”

“我会马上请求这位姑娘给我模仿一下这个恶棍所犯的罪行。”一个警察毫不犹豫地回答。

性质不同

一位警察从前是商人,有人问他做生意和当警察有何不同。他回答说:“最大的区别是:做生意,顾客总是对的;当警察,顾客总是错的。”

我不傻

一个警察押送一个犯人去监狱。忽然他的帽子被风吹掉了。“我跑去替您捡帽子,行吧?”犯人讨好地问。

“你以为我那么愚蠢吗?”警官说,“你站在这儿,我去捡。”

早就认识

侦察员问：

“你认识这把刀子吗?”

“当然。”

“这就是说,你认识它。”

“没错。三个星期来你每天都在我面前亮这把刀子,我怎么会不认识它呢!”

会说话的猫

“嗨,警察局吗？我的猫丢了。”

“对不起,夫人,这不在警察的职责范围内,我们太忙了。”

“你们不明白,这是一只非常聪明的猫。它几乎像人一样。它甚至还会说话。”

“噢,您最好挂断电话,夫人。它也许会马上打电话给您的。”

在出事前赶回家

“夫人,你为什么要超速行驶?”交通警察问。

“噢,警官,”那位妇女回答说,“我的刹车坏了,我想在出事前赶到家。”

极度超速

警察:“我们这儿规定行车不得超过每小时五十公里,你刚才驾车超过了这个速度,请留下姓名和地址。”

司机:“可我还没开够一小时呢!”

快速靠岸

在休伦湖钓完鱼后,我的一个朋友开车拖着他的船回家。路上车坏了。他没带手机,不过,他想,也许他可以通过海事无线广播来请求公路援助。于是,他爬到他的船里面,启动了无线装置,喊道:“求救,求救。”一名海岸护卫队警官作出了回应:“报告你的位置。”“I-75号公路,Standish的南面两英里。”沉默了好一会之后,警官问我的朋友："你的船靠岸时开得有多快?"

别让马听见

一个警察在路上截住了一辆装得满满的马车,他问马车夫说:

"你车上装的是些什么东西?"

"草料。"马车夫走近警察,然后低声回答。

"可你说话声音为什么这么小?"警察问。

"为的是不让马听见。"

怕吓着行人

司机开车撞了一位老太太,警察斥问司机:

"你为什么不按喇叭?"

"我怕吓着她!"司机回答。

证　明

一辆车停在边境。

一个海关人员上前检查那人的护照。

"你的护照没问题,"他对那人说,"你能证明这位女士是你太太吗?"

那人看了他身边的女人一眼后,细声悄语地对那海关人员说:

"你若能证明她不是我太太,我愿把她送给你。"

奇　迹

有个老太太在海关被问到是否有东西要申报。

"没有,什么都没有。"

"但是这瓶子里装的是什么?"

"哦,只是些圣水,从梵蒂冈拿回来的圣水。"

海关人员拔开软木瓶塞,闻了闻说:"这是威士忌。"

"天啊!"违规者大叫,"真是奇迹!"

得奖来的

"你这手表不错,在哪买的?"

"不是买的,是赛跑得第一名得来的。"

"是吗,有多少人跟你一起赛跑?都是些什么人?"

"连我一共三个人。警察得第二名,丢表的人得第三名。"

不成为问题

律师终于帮助被告打赢了一场疑难官司。

“尊敬的律师先生，我真不知道该怎样感激您。”被告说。

“亲爱的，自从人类发明了钱以后，这已经不成为问题了。”律师回答。

你以为我是蜈蚣

有辆车在马路上违章撞了行人，法庭判他赔偿 5 000 美元。

“你以为我是百万富翁？为什么要我赔这么多钱！”违章司机气愤地拒绝接受这个判决。

“可你以为我是蜈蚣，有很多腿给你撞！”事故的受害者同样气愤地说。

小偷的辩解

法官对小偷说：

"你具体交代,是怎么偷了这位先生的怀表?"

"怎么会是我偷的呢?法官先生!我只是从这位先生的兜里拿出怀表想看看几点了。但是,当时天太黑,于是我就跑到路灯下去看。等我回过头来,这位先生已经走了。我就到处找他,没想到这会儿竟在法院里遇见了,真是上帝保佑!"

记性不佳

"您想说,您是由于记性不佳,才把自己的妻子从二楼窗户上推出去的?"法官问被告。

"是的,大人,"那人垂下眼睛回答说,"从前我们住在一楼,我完全忘记我们搬家了……"

什么时间合适

法官:"你竟敢在大白天闯进民宅行窃!"

被告:"您上次审判我时说:'你竟敢在深更半夜潜入民宅行窃!'请问法官,我该什么时候工作合适呢?"

隔　壁

两个流浪汉被指控有碍市容，法官问其中的一人："你住在哪里？"这个流浪汉说："大街、广场、地下道、车站……"法官对他的回答不满意，于是又问另外一个人："那你又住在哪儿？"那个说："我？我就住在他的隔壁。"

面　熟

法官："被告，实际上你已经知道这不是你的钱包，对吗？"

被告："我当然知道这不是我的钱包。但是，当看到里面的钱时，我感到很面熟……"

不会印

法官："你为什么要印假钞？"

被告无辜地说："因为我不会印真钞。"

恶意劝阻

法官："被告在打你以前，你有没有设法阻止他？"

原告："有的。我用各种最恶毒最难听的语言来劝阻他，可是他仍然用拳头打了我一顿。"

死囚心愿

某死囚上刑场前，法官问他此时有何心愿。他说："我此时最大的心愿是能够穿上防弹背心并戴上钢盔！"

监禁两月

法官对犯人说："判你监禁一个月，若是拿一百块钱来赎，便放你出去。"

犯人："我拿不出钱，还是监禁两个月，找我一百块钱吧。"

都是因为行贿

有人问刚出狱的犯人：

“你为什么进了监牢?”

“因为行贿。”

“那为什么很快就把你放出来了呢?”

“也是因为行贿。”

洗心革面

法官对犯人说:“你应该给自己树立新的目标:洗心革面,变成另一个人。”

犯人回答:“我曾尝试过,法官先生。但是,很快我就被判处伪造身份证罪。”

不知羞耻

法官怒斥被告:“我在这个地方法院当法官当了整整二十年,已经在法庭上见过你十七次了,难道你不觉得羞耻吗?”

被告:“你在这干了二十年,还不能升迁,你不觉得羞耻吗?”

判　决

一个司机站在法庭上。

“我只是多喝了些酒，而不像指控书说得那样喝醉了。”

“正因为如此，”法官微笑着说，“我才没有判处你七天的监禁，而只判了你一个星期。”

罚款涨价

马布洛因为骂邻居是猪，法官要罚他50元。

“法官先生，上次我同样骂他是猪，只罚了我30元。”

“很遗憾，我无能为力，因为猪肉涨价了。”

只说实话

法官对被告说：

“被告，你应该向法庭说实话，只说实话，听到了吗？除了实话以外，剩下的律师会替你说的。”

放弃答辩权

“你为什么连最后的答辩权都不要了?”法官问被告。

“有什么必要做最后的答辩呢？我该说的都由辩护人说了;不该说的都由检察官说了。”

采购过早

那天是圣诞节,法官在审讯犯人时也有点恻隐之心。“你为什么而被起诉?”他问。

“采购圣诞节物品过早。”被告答。

“这不算犯法,”法官说,“你购物多早?”

“在商店开门之前。”犯人应道。

IX 军人

你叫什么名字?

有一位很严厉的军官在对一群交由他训练的新兵训话。他以前从没见过这群新兵,于是他开始自我介绍:“我的名字叫 Stone(石头),事实上,我甚至比石头更强硬。这就是我为什么要告诉你们我名字的原因。不要试图对我玩什么花招,这样我们就能很好相处了。”

接着他开始走到每个士兵前面问他们的名字。“说大声点,让每个人都能听清楚。另外,不要忘记称呼我为长官。”他说。

每个士兵都对他说了自己的名字。他走到最后一位士兵面前时,这个士兵保持着沉默。于是 Stone 对他喊叫:“当我问你问题的时候,要回答!我再问一遍,你的名字,士兵?”

那个新兵很不高兴,但最后他回答了。“我的名字是 Stonebreaker(碎石机),长官。”他紧张地说。

伙 食 不 佳

一位长官到连队检查,正赶上士兵吃午饭。“伙食怎么样?”他问一个正在吃饭的士兵。

“报告长官,汤里泥土太多了。”士兵答道。

“你们入伍是为了保卫国土,不是挑剔伙食!”长官斥责道,“难道不懂吗?”

“懂。”士兵毕恭毕敬地立正,斩钉截铁地说,“但绝不是让我们吃掉国土!”

大五个月

第二次世界大战开始了,詹姆斯想去当兵。可他只有十六岁,当时规定男孩到十八岁才能入伍。当军医给他进行体检时,他说他已经十八岁了。

可詹姆斯的哥哥刚入伍没几天,而且也是这个医生给他做的检查。这位军医还记得他哥哥的姓。所以当他看到詹姆斯的表格时,感到非常惊奇。

“你多大了?”军医问。

“我十八了。”詹姆斯说。

“可是你哥哥也刚十八岁,你们是双胞胎吗?”

詹姆斯脸红了,说:“不是,先生,我哥哥比我大五个月。”

正是士兵

作为一名新上任的步兵中尉，我通过擦拭自己的M－16式自动步枪给全排作个榜样。我们一块擦枪时，一名战士抱怨由于M－16的枪栓枪膛的特别凹形结构，擦起来十分困难。

“中尉，应该制造一种擦这枪的工具。”士兵说。

“已经制造出来了。”一军士尖叫。

“真的?”我十分诧异，纳闷为什么我们没有订购这种工具。

“真的，长官，”军士答道，“它就是士兵。”

辞不达意

英军有一个团买了一头驴子作为吉祥物。不幸的是，没过几天驴子就死了。由于团长出差在外，于是副团长便打了个电报给团长：“驴子不幸逝世。再买一头，还是等你回来?”

谁也不听我的

约翰·加尔文将军曾任欧洲盟军最高统帅和美国驻欧军队总指挥，有人问他，指挥这么多不同国家的部队是什么滋味。

他回答说："我常觉得像是公墓的管理员。底下的人很多，可是谁也不听我的。"

美国海军舰长的遭遇

时间：1996年10月。

地点：加拿大纽芬兰省海域内。

事件：美国海军与加拿大人对话。

美国人：请改变你的航道，向北偏15度，以免相撞。

加拿大人(语气温和)：建议你向南改变航线15度，以免相撞。

美国人(语气强硬)：这是一艘美国军舰的舰长在说话，我再说一遍，改变你的航向。

加拿大人：我再说一遍，改变你的航道。

美国人(怒)：这是美国密苏里号航空母舰，我们是美国海军火力强大的战舰,命令你马上改变你的航道!

加拿大人(语调坚定):这里是灯塔,我们不能改变航道!请回答……听见没有,喂喂,喂喂……(对话消失)

真没想到我已经往回跑了这么远!

第一次世界大战期间,一场大战役正在进行。枪炮轰鸣,子弹横飞。这样持续了一小时后,有个士兵认为战斗太危险了,所以他离开前线,开始逃离战场。走了一个小时后,他看见一个军官朝他走过来。军官拦住他,问道:“你到哪儿去?”

“长官,我正尽力躲开身后正在进行的战斗。”士兵回答说。

“你知道我是谁吗?”军官生气地说,“我是你们的指挥官。”

士兵听了十分惊讶地说:“天哪,真没想到我已经往回跑了这么远!”

走 私 犯

一个形迹可疑的人开车来到边境,哨兵迎了上去。哨兵在检查汽车行李箱时，惊奇地发现了六个缝得紧绷绷的大口袋。

“里面装的是什么？”他问道。

“土。”司机回答。

“把袋子拿出来，”哨兵命令道，“我要检查。”

那人老老实实地把口袋搬了出来。一点不假，口袋里除了土什么也没有。哨兵很不情愿地让他通过了。

一周后，那人又来了，哨兵再次检查汽车上的行李箱。

“这次袋子里装的是什么？”他问道。

“土，又运了一些土。”那人回答。

哨兵不相信，对那些袋子又进行了检查，除了土仍旧一无所获。

同样的事情每周重演一次，一共持续了六个月。最后，哨兵被弄得灰心丧气，干脆辞职去当了酒吧侍者。有天晚上，那个形迹可疑的人碰巧到那里喝酒。那位前哨兵急忙迎上前去对他说：“我说，老兄，你要是能帮我一个忙，今晚的酒就归我请客。你能不能告诉我，那段时间你到底在走私什么东西？”

那人俯身过来，凑近侍者的耳朵，咧开嘴笑嘻嘻地说：“汽车。”

酒客

不许再喝酒

在酒吧间，两个老朋友相遇了。

“你在这里干什么？要知道，医生不是不许你再喝酒了吗？”

“是的。可是，那个医生不久前已经去世了。”

年 龄

一个小伙子走进酒吧，要了一杯五年酿的白兰地。侍者很快上了他要的酒，他呷了一口，然后告诉侍者：这酒是一年酿的。侍者致歉后又上了一种。小伙子呷了一口，抱怨说侍者上的是三年酿的。侍者致歉后又换了一种。呷了一口，他告诉侍者说这才是五年酿的。

一个老头不经意间听到他们的对话，于是便说：“你果真知道你这酒是哪年酿的？”

这个人骄傲地说：“我想是这样。”

老头问他能否品尝一下他的饮料并说出年限。

“当然可以。”他答道并饮了一口。

很快地他又吐出来大声说道：“这不是白兰地！这是尿！”

“是的，”老头答道，“现在告诉我，我今年多大岁数了？”

离得太近

空中小姐在飞机上递了一杯酒给牧师。

“现在离地面多高？”牧师问。

“两万英尺。”

“我看我还是不喝的好，因为这儿离我们总部太近了！”

趁机还钱

两个人喝酒过多了。有一个口齿不清地说：“现在我看所有的东西都是双重的。”另一个人赶快从衣袋里掏出一张十元的钞票，说：“这是我还你的二十元钱。”

醉汉父子

父子两人都是酒鬼。一天，父亲在外面喝得摇摇晃晃回到家来，一进门，盯着儿子的脸看了一会儿，生气地说：“奇怪，你的脸怎么变成三个？像你这样一个人不人，鬼不鬼的东西，这幢房子决不留给你！”

他的儿子也在家里喝得烂醉，听了父亲的呵斥，不服气地顶嘴："那更好！像这样摇摇晃晃、来回打转的房子，给我，我还不要呢！"

梦境成真

某日，酒鬼甲和酒鬼乙在一家酒馆相遇，两人便聊了起来。

甲："唉，我昨天做了一个噩梦，现在想到还觉得可怕。"

乙："是什么梦让你如此害怕？"

甲："我梦见我喝了一打 XO。"

乙："那并不算是噩梦啊，这可是很美好的梦耶！"

甲："本来我也乐在其中，直到我老婆嚷嚷说，她昨夜起来尿了三次的夜壶竟然是空的。"

酒少有因

有一个老光棍，他并没有什么嗜好，只是喜欢在睡觉前喝一点葡萄酒。后来，他终于发现有人盗饮他的酒。他怀疑偷酒的是佣人，于是就把酒倒出来，再装入他的小便。但装小便的"酒"，仍然每天减少。他很不高兴地把佣人叫来责备一番。

佣人泰然自若地回道:"不,不是我盗饮。我想做味道更香甜可口的菜给你吃,所以每天烧菜时,都要加一点在里面。"

喝　醉

"长官先生,请允许我向您报告,我们的班长又喝醉了。"

"你怎么知道的呢?"

"他正在拿刀片刮镜子。"

自我感觉

一个老兵喝得酩酊大醉地回营。

"你为啥总是醉成这样儿?"长官告诫他道,"如果不喝酒,你可能已经升到上等兵,说不定已经当军官了。"

"报告上尉,"老兵回答,"我只要一杯酒下肚,就觉得自己是上校了!"

还是没喝多

一人从酒店出来,摇摇晃晃找不到厕所,见墙角写有:行人等不得在此小便。于是,他准备尿在角落里。

老太太见到便说:“随地小便罚款伍元。”

这人说:“我怎么是随地小便呢?这里分明写着‘行人等不得,在此小便’嘛,况且我也没小便啊,我拿出来看看不行吗?”

老太太说:“怪能狡辩的呢,还是没喝多。”

女厕所里的啤酒声

胡经理一日在酒场上不胜酒力,迷迷糊糊误入女厕,在隔间呕吐。此时一女士如厕小解,胡闻其小便声误以为有人又在倒啤酒,怒道:“我早就说过不喝了,谁又在倒?”女士闻言吓了一跳,遂憋住小便,不料竟憋出一个响屁来,胡闻之大怒,用手重重拍着隔板,大声斥责道:“我说过不喝了不喝了,谁又启了一瓶?谁启谁喝!”

经理醉酒

一位经理喝醉了酒,坐在马桶上自以为坐在了轿车上。他醉意朦胧地一挥手:“娘的,开车!”

扶他上厕所的司机像是受了莫大的侮辱,狠狠地将香烟抽了一大口。经理看到烟头上的朦朦的火光,自言自语道："怪不得车子不动，吃红灯啦。"

见经理打了个喷嚏，司机将手纸递到他面前。这时，经理火冒三丈，怒气冲冲地大声说："我没闯红灯嘛，怎么能胡乱罚款呢？滚开！"

我正在想

在深夜，被警察警告不要高声喊叫的醉汉向警官说："如果我骂你是坏蛋，你怎么办？"

"我就以侮辱罪逮捕你。"

"如果我心中这样想呢？"

"那我不管。"

"我现在正在想你是一个坏蛋。"

报警有误

一天深夜，值勤的警官罗德尼接到一个报警电话。打电话的人自称在第九街区，他从夜总会出来后，发觉自己车里的方向盘、刹车、加速器等等都让小偷给卸去了。罗德尼欲前往出事地点。就在他开动巡逻车准备出发的瞬间，电话铃又响了起来，罗德尼只好下车再拿起电话筒。

打电话的仍是刚才那位报警的人:“实在对不起,先生,您用不着来了。我喝多了,刚才一阵冷风吹来,我才发现自己原来是坐在车内的第二排座位上。”

走错房间

深夜,一个喝得醉醺醺的游客回到了旅馆。半晌,他不满地叫了起来:“喂!你们的电梯坏了吗?”

“先生,电梯仍在正常运行,只不过您进的是电话间。”

早说就好了

一个醉汉叫了辆出租汽车回旅馆。途中,司机看见他正慢慢地一件件脱衣服。

“你怎么了?”司机生气地叫道,“我们还没到旅馆!”

“哦,是吗?”醉汉嘟哝着,“你早点说就好了,刚才我把鞋脱在门口了。”

下次不可

一个酩酊大醉的汉子在广场叫住一辆出租车:“把我

拉到华乐大酒店。”

“可是，先生，”司机说，“您不正在华乐大酒店门口吗？”

醉汉嘟嘟囔囔地从怀中掏出20美元扔给司机，说道：“我警告你，下次不许开这么快。”

都是醉酒闹的

某君好酒，一日在外喝得大醉，后拦一的士回家，刚好驾车的是一位女士。某君上车后，就迷迷糊糊地说了地方。过了一会，他就开始解领带，女司机以为是他喝酒后热的，就没在意。可是他居然解开衬衣的扣子，脱下就放在前排的椅子上，当要脱裤子时，女司机就停下车，问某君：“你干什么啊？想非礼啊！”某君大惊说：“你是谁啊？在我家里干什么啊？我是有老婆的！”女司机哭笑不得。

搭错车

一个海军军官在公共汽车上，站在司机旁边不坐下来，以免弄皱熨得笔挺的制服。一个喝醉酒的人上了车，走到军官身边，拉拉他的衣袖，说要买张车票。军官没理他。但醉汉锲而不舍,于是军官转身说:“朋友,我不是售票员,我是海军军官。”

“那么,”醉汉答道,“把船停下来,我要搭公共汽车。”

看电影

有一天,一个醉汉去看电影,他买了票之后,走进电影院。可是过了一会,他又走出来买了一张票,再走进电影院。售票小姐觉得很奇怪,可还是卖给了他。结果,又过了一分钟,又见那个醉汉走向售票口,再买了一张票,这次售票小姐就问他说:“你不是已经买了票了吗,干吗还要再买啊?”醉汉很生气地说:“我怎么知道,每次我一走进电影院,就有一个人把我的票撕掉了。”

破冰求鱼

一个酒鬼喝醉了,突发奇想要去冰上钓鱼,他带上工具出发了。很快地他找到了一块很大的冰,于是开始凿洞。突然他听到传来一个声音:“你在下面不会找到鱼的。”酒鬼四下里看了看,没有人嘛。他又开凿了。那个声音又响了:“我已经告诉你了,那下面没有鱼。”酒鬼上上下下张望,还是看不到人,他又埋头苦干了。那个声音第三次响起来:“我已经警告你三次了!那里没有鱼!”酒鬼火了:“你怎么知道没有鱼?你以为你是上帝吗?跑来警告我?”“不”,那个声音回答,“我是这家溜冰场的经理。”

有力证据

律师质问交通警察:“一个人跪在马路中间就能证明他是喝醉酒了吗?”

“当然不能,先生,”交通警察回答,“可是这位先生跪在马路中间要把涂在马路中央的那条白线卷起来。”

这儿光线好

一天晚上,一个人在回家的路上遇见一个醉汉,此人双膝跪地,正借着路灯在寻找东西。这个人问他在费力地找什么。醉汉答道,他被绊倒了。他的雷达表的表链磕松了,表从腕上掉了下来。这个人是个好心肠,也跪下来帮他找。大约十分钟过去了,还没找到。这个人问醉汉他在哪儿摔倒的。

“离这条街大约半个街区远的地方。”醉汉说。

“那么请问，你在半个街区远的地方丢的表，为什么在这儿找呢？”

醉汉答道：“这儿光线好。”

日月难辨

有个名叫哈多的旅行推销员，是个酒鬼。一天，他来到一个陌生的城市，在一家酒店喝了很多酒。刚走出酒店，他突然看见一个人站在路中间。这个人也刚从酒店出来，比哈多喝得更多，他似乎在天上看到了什么奇怪的东西，用手往天上一指：“对不起，请问，那是太阳还是月亮？”哈多看了看，然后摇摇头说：“不知道，我不是本地人。”

水龙头没关好

警察在一条小巷中夜巡，发现一个醉酒的男人靠在电线杆旁边哭泣，觉得很奇怪，便上前问：“先生，出什么事了吗？”

醉汉边哭边说：“警察先生，你来得正好，请你快替我想个办法，因为我的小便一直流个不停！”

警察过去一瞧，原来是电线杆旁边的自来水龙头没关好。

警察与醉鬼

银行遭抢劫,保险柜里一串价值连城的项链丢了。警察没有发现嫌疑人,只发现大厅里有一醉鬼,就拿他审问。警察把醉鬼的头闷进水桶里一分钟,问一句:“项链在哪里?”反复了几次,醉鬼实在坚持不住了,大喊起来:“停!停!停!你们换别的潜水员找项链吧。”

醉酒夫妻

一天酒鬼夫妻在一起喝酒,结果都喝多了。在回家的路上,丈夫在路边捡到一面镜子,照了照,自言自语地说:“这是谁啊?怎么这么面熟?”妻子一把夺过镜子,看了看说:“你真是喝多了,连我你都不认识了……”

抱　怨

“今晚上电视节目怎么总是篝火?”丈夫对刚从外面回来的妻子抱怨说。

“你一定是又喝多了,”妻子说,“电视机今天上午就拿去修理了,你望着的是壁炉。”

可找到了

一名男子喝得醉醺醺地回家。

“你整个晚上死到哪儿去了?”妻子质问道。

“在新开的那家很棒的沙龙那里。”

“放屁!哪有这种地方!”

男人说:“当然有!金色的门,金色的地板,连尿壶都是金子做的!”

老婆当然不相信他的鬼话,她打电话到那里查证。

“这里是金色沙龙吗?”她问接电话的酒保。

“没错。”

“你们有金色的地板吗?”

“可以这么说。”

“那金色的尿壶呢?”

停顿了好一会儿,然后女人听到酒保大吼:“嘿,公爵,我想我逮到那个在你萨克斯管里尿尿的家伙了!”

胶布是谁贴的

惧内的丈夫某夜喝了个酩酊大醉，脚步蹒跚地走回家来，进门时不小心撞伤了头。他踮着脚尖，摸索到盥洗间，找出一些胶布，对着镜子往伤口上贴，然后再轻轻地睡在太太身旁，心中窃喜，这下可逃过太太的责罚了。第二天一早，太太把他唤醒。

"你吵醒我干什么？"他睡眼惺忪地问。

"你这个死鬼，昨晚又喝醉了酒！"她咆哮道。

"不！不！我根本没有喝酒，你怎能冤枉我呢？亲爱的。"

"哼，你没有喝酒，盥洗室镜子上那么多胶布是谁贴的？"

闹　　鬼

有个醉汉半夜起来上厕所，回来忙摇醒他妻子："喂，你醒醒，咱家里闹鬼了！"

妻子知道他昨晚上喝醉了酒，就说："别又疯疯癫癫的了。"

醉汉说："真的！你瞧，我刚一拉开厕所门，灯就自动亮了,撒完尿门一关,灯自己就灭了。这岂不是有鬼!”

妻子一听气得指着他鼻子大骂:“你又把尿撒到冰箱里了!”

投案自首

“警察先生,求求你把我关进牢里吧!我刚刚喝醉酒,拿根棍子打蚊子,结果打在我老婆头上。”

“你打死她了?”

“坏就坏在没有,所以请你赶快把我关起来。”

指明真凶

怀特经常酒后闹事,为此多次上法庭。这天,他又酒后开车,轧死了一头猪,撞倒了一堵墙,被人送上法庭。法官声色惧厉地斥责:“你每次来这儿,都是酒精的作用!你要知道,酗酒有害!你落到这个地步,都是酒精造成的!”

一听这话,怀特竟兴高采烈地答道:“多谢您的开导!别人都说我是肇事的坏蛋,只有您才指明了真凶!”

醉酒医生

一日，一醉酒医生在一病人的病历卡上如此写到："肛门发言（炎）。"主治医生一看，提笔写到："肛门发言——屁话！"

名人

舞会偶遇

普希金年轻的时候并不出名。有一次,他在彼得堡参加一个公爵家的舞会,他邀请一位年轻而漂亮的贵族小姐跳舞,这位小姐傲慢地看了普希金一眼,冷淡地说:“我不能带着一个小孩子跳舞。”普希金没有生气,微笑地说:“对不起!亲爱的小姐,我不知道您正怀着孩子。”说完,他很有礼貌地鞠了一躬,然后离开舞厅。

歌德的容忍

一次,歌德正在魏玛一个公园的一条狭窄小道上散步,碰巧遇见一个对他怀有敌意的评论家。两人都停了下来,彼此相互对视。接着评论家说道:“我从来不给傻瓜让路。”“可我让。”说完,歌德退到了一边。

杰克·伦敦与编辑

杰克·伦敦答应为纽约的一家杂志社送去一篇小说稿,但过期未交。编辑经过多次努力仍未得到小说稿。最后他去伦敦住的旅馆拜访他，在条子上写下了这样一句话，叫人送上楼去："如果我在二十四小时内还拿不到小说稿，我会到你的房间把你从楼上踢下楼去，我总是说话算数的。"

伦敦写条子回答说："亲爱的迪克，如果我是用我的双脚工作的话，我也是说话算数的。"

爱其所爱

著名的英国侦探小说家克里斯蒂的第二个丈夫是一位考古学者。

有人问她为什么找了一位考古学家。

她说："对于女人来说，考古学家是最好的丈夫。因为妻子越老，他就越爱。"

阿尔伯特·爱因斯坦的大衣

一天，著名的科学家爱因斯坦在纽约的大街上碰到了他的一位老朋友。

"爱因斯坦先生，"朋友说，"看来你需要换一件新大衣了。瞧，这件已经穿坏了。"

"没关系,"阿尔伯特·爱因斯坦回答,"在纽约没人认识我。"几年过去之后,他们又在纽约相遇。这时爱因斯坦已是世界闻名的物理学家了。但他仍穿着那件旧大衣。他的朋友又一次试图劝他换件新的。

"现在没有必要了,"爱因斯坦说,"这儿的每一个人都认识我了。"

自 己 的

一次,与丘吉尔共事的一个议员在议会上演说,看到丘吉尔在摇头表示不同意他的观点,便说:"我想提请尊敬的议员们注意,我只是在发表自己的意见。"

丘吉尔对答:"我也想提请演讲者注意,我只是在摇我自己的头!"

如果我是你丈夫

"温斯顿,如果你是我丈夫,我会放毒药在你的咖啡里。"

"南茜,"丘吉尔回答说,"如果我是你丈夫,我会喝下那咖啡。"

要听报告

当丘吉尔在下议院前走出出租汽车时,对车夫说:"我在这里大约耽搁一个钟头,你等我一下吧。"

"那可不行呀!"车夫回答说,"我一定要赶回家去,好在收音机中听丘吉尔的演说。"

那位下台的首相一听这话大为惊喜,便重重地赏了他一笔可观的小费。"我想了一下,"车夫见钱眼开,便改口说,"还是在这里等着送你回去吧,管他妈的丘吉尔!"

饥荒原因

英国文豪萧伯纳是个瘦子,这是尽人皆知的。一天,他遇到一个有钱的胖资本家,资本家讥笑萧伯纳说:"萧伯纳先生,看到您,我确实知道世界还存在闹饥荒的现象。"

萧伯纳也笑着回答:"而我一见到您,便知道世界闹饥荒的原因。"

我也一样

有一次，萧伯纳收到一位社会地位很高、狂妄自大的太太的请帖。请帖是这样写的："星期四下午四至六时我将在家。"

萧伯纳退回请柬，并在底下添上一行字：

"我也一样。萧伯纳。"

擦皮鞋的人

据说有一位外国外交官偶然见到林肯正在擦皮鞋，便叫道："噢，总统先生，你自己擦皮鞋？"

"是的，"林肯说，"那么你给谁擦皮鞋呢？"

不反对

一天晚上，美国总统林肯在忙碌了一天之后上床休息。忽然，电话铃声大作，原来是个惯于钻营的人告诉他，有位关税主管刚刚去世，这人问林肯是否能让他来取代。林肯回答说："如果殡仪馆没意见，我当然不反对。"

贡献够大了

一位妇女蛮不讲理地要求任命她的儿子为陆军上校。她对林肯说："先生，我祖父在列克星敦打过仗，我父亲在新奥尔良战斗过，我丈夫战死在蒙特雷。"

"我认为，太太，"林肯说，"你们家对国家的贡献够大了，该给别人一个机会了。"

另有一面

林肯的长相比较难看，他对此颇有自知之明。一次，一位议员当众指责他是两面派。林肯答道："要是我还有另外一副面孔，您认为我会戴这副面孔吗？"

物价稳定

英国首相威尔森在进行竞选演说时，有个示威者以鸡蛋击中他的额头。这位当时屡次被攻击执政期间物价高涨的首相并不因此而生气，反而从容地说："如果能够把鸡蛋拿来作这种用途的话，证明物价并不高昂。"

在干什么

赫鲁晓夫在苏共二十大批评斯大林的错误时,台下有人递条子上去。赫鲁晓夫当场宣读了条子的内容:“当时你在干什么?”然后问道:“这是谁写的,请站出来!”连问三次,台下一直没有人站出来。于是赫鲁晓夫说:“现在让我来回答你吧,当时我就坐在你的位置上。”

我爸爸不如他爸爸富有

虽然百万富翁洛克菲勒把上百万元的钱捐赠出去,但他对一笔笔小钱却是非常吝啬的。一天他来到纽约的一家旅馆,要住最便宜的房间。洛克菲勒问道:“你们最便宜的房间一晚多少钱?”经理告诉了他。

“这是你们最便宜的房间吗?我是一个人住,只需要一间很小的房间。”

经理说:“这就是我们最小最便宜的房间。”他又说:“您为什么要住这样简陋的房间?您儿子在我们这里住时,从来都是住最贵的房间。您却要住最便宜的房间。”

“是的,”洛克菲勒说,“他爸爸是个富翁,但我爸爸不是。”

大自然的一件糟糕的作品

惠斯勒为一位知名人士画完肖像后，他问那个人是否喜欢这幅肖像。

“不，我无法说我喜欢它，惠斯勒先生。你不能不承认这是一件糟糕的艺术作品。”

“对，”惠斯勒一面透过单片眼镜看着被他画像的人，一面答道，“可是您也得承认，您自己是大自然的一件糟糕的作品。”

XII 其 他

各执一词

一辆汽车撞倒了一个行人。

司机说:"这不是我的过错,我驾车一向很小心,我已经开了五年车了。"

"什么?这样说是我的过错了?再说你开了五年车有什么了不起,要知道,我已经走了五十五年的路了。"

等到天黑

在希尔顿饭店的酒吧间里,电视正在播放美国宇航员登上月球的实况转播。一位美国人对他的爱尔兰朋友说:"你瞧,美国小伙子有多棒!"

爱尔兰人不以为然地说:"这算什么,我们爱尔兰人不久就要派人登上太阳。"

美国人十分惊奇:"太阳那么热,人怎么能上去呢?"

爱尔兰人说:"我们等到天黑的时候再去呗!"

自作多情

昨天早上,我在阳台上看风景,发现对面女生宿舍里一位漂亮的女孩拿着手绢在向我挥手，我也向她挥；然后她跑到另外一个窗口再跟我挥手，我也跟她再挥；后来她又走了，到第三个窗口跟我再挥手时我才反应过来，原来她在擦窗户……

P夫人的浴缸

P夫人是我们镇子上一位高雅的女人。她在社区拍卖一些家具。她把家具的优点在拍卖前一件件地说给拍卖商听，她特别强调了一件光亮的瓷制浴缸："你可以看到，上面没有污点或刮痕，"她告诉他，"把这些告诉买主！"

拍卖商把她的话记在心里了，当轮到卖这只浴缸时他宣布："下一件是P夫人的浴缸，几乎没有使用过。"

加塞儿

我的婶婶最不情愿排队等着买东西，那些设法加塞儿的人对她来说就更可气了。

一天我婶婶在超级市场里买东西，她刚排到收款台前时，一个年轻人走上来说："我在您的前面您介意吗？"他说，"我只买这一罐狗食罐头。"

“天啊，我不介意，”她喊叫着，“你如果真饿成那样，就先买吧！”

挤出奶了

一个酒鬼摇摇晃晃地上了一辆拥挤的公交车，上车后就哇哇地吐起来，乘客纷纷躲闪向后挤。忽然一漂亮小姐大声喊道：“别挤了！别挤了！把我的奶都挤出来了！”人们回头一看，见她手里拿着一袋酸奶。

不知道穿什么衣服好

两个女人在街上相遇。甲说：“我收到一张法院的传票，说有件重要的案子要我明天出庭作证。”

乙问：“你觉得紧张吗？”

甲说：“非常紧张，我不知道穿什么衣服好。”

新发现

一个乡下人第一次到大城市游逛。他走进一座大楼，看见一个岁数很大的矮胖女人迈进一个电梯。电梯的门随后关上，有几个灯在闪亮。一会儿，门开了，电梯里走出一位年轻漂亮的女模特。

乡下人惊奇地眨着眼睛，慢吞吞地说："我应该把我的老婆带来！"

穿错了鞋

一个人出门穿错了鞋子，一只鞋子底厚，一只鞋子底薄，走起路来一脚高一脚低，很不舒服。他感到很奇怪，说："莫非今天我的腿出毛病了？为什么一条腿长一条腿短？"

一个过路的人告诉他是鞋子穿错了。他低头看了看，发现果然如此，忙让仆人回家去取另一双鞋子。

一会儿仆人空着手跑回来说："不用换了，家里的两只也是一只底厚一只底薄。"

接口令

农民赶驴进城，遇到无赖，无赖问："吃饭没有？"农民说吃了，无赖说："我问的是驴。"

农民一听，转身对驴就是两个耳光："你小子，城里有亲戚也不说一声！"

美好愿望

四十八岁的单身汉洛奇在向他的朋友描述他的美好愿望:“下班回来,一个年轻美貌、温柔贤惠的妻子站在我的面前,桌上摆着佳肴美酒……你说有这种可能吗?”

“有。”

“什么时候才会有?”

“当你走错门的时候。”

误入房间

度假旅馆中,一位英俊的青年错走进一位老太太的房间,他道歉说:“对不起,我一定是走错了房间。”

老太太回答道:“那倒不一定,不过是迟了四十年。”

整六十岁

一位夫人已经上了年纪,两鬓灰白,脸上皱纹密密麻麻,但她总想在别人面前把自己说得年轻一点。

有一次,她对一位新近结识的朋友说:“你知道吗?我和我妹妹的年龄加起来整六十岁!”

“哎哟!”那位朋友叫起来,“你把这么小的妹妹扔在家里放心吗?”

教你一招

辛格非常同情“足球寡妇”。有一次,一位妇女问他怎么才能将她丈夫的注意力从电视转到自己身上,他回答:“穿透明的衣服。”

“要是这样也不奏效呢?”

“那你在背上贴个号码!”

另有目的

一个小偷看见他的同伙在阅读《时装》杂志,便惊奇地问:“怎么,要改行做时装?”

“哪儿的话,我在研究今年的时装口袋到底会缝在什么地方。”

冒名顶替

过路人往戴着墨镜的瞎子的盘子里扔了一枚硬币,这枚硬币从盘子里蹦出来,滚到人行道上。可是戴墨镜的人迅速追上了它。“我还以为您是个瞎子呢。”

“不,我不是原来在这儿的那个瞎子。”他回答说,“他去看电影了,我是来顶替他的。”

乞丐和吝啬鬼

一个乞丐来到一个吝啬鬼家门前乞讨。

乞丐:“请给一小块肥肉、乳酪或奶油。”

吝啬鬼:“没有呀!”

乞丐:“面包屑也行。”

吝啬鬼:“也没有。”

乞丐:“那就给口水喝吧!”

吝啬鬼:“我们连水也没有了。”

乞丐发怒了:“那你为什么还坐在家里?快跟我一起要饭去!”

请 给 十 元

乞丐:“先生!看在上帝的份上,请施舍五元,让我早餐有个着落。”

“我自己还没有吃早餐呢!”

"那么你给我十元钱,我可以请你吃早餐。"

真有毅力

一个乞丐向一个肥胖的阔太太乞讨说:"太太,您给点吃的吧,我已经三天没吃过一点东西了。"

"真了不起,"阔太太以非常羡慕的口气说,"我要有你那样的毅力就好了。"

泄露天机

一青年遇劫,奋勇抵抗。激战之后,歹徒终于把青年制服,一搜他的口袋,只有三块钱。"难道你就为这点钱拼命?"歹徒问。

"哎呀,"青年说,"早知道你只要这么点的话,我准会双手奉送。我还以为你要抢我藏在鞋里的三千块呢。"

不给钱不会动手

两个小偷正在议论晚上如何偷盗的事。其中一个说:"今天晚上咱们去偷这一家。"

另一个说:“你疯了,这家住的是世界职业拳击冠军,他会把咱俩砸扁的!”

“你不了解职业拳击手,不给他们1 000美元他们是不会动手的。”

县长放屁

县长宴请,带办公室主任作陪。席间,县长放了一个屁,县长问身旁的办公室主任:“你放屁了?”

办公室主任说:“我没放呀!”

县长很生气,回去把办公室主任免职了。办公室主任不明白,问县长说:“我又没有犯错误,为何免我职?”

县长说:“你屁大的事都不能揽,要你这个办公室主任有啥用?”

参观博物馆和洗澡

某厂组织参观博物馆和安排洗澡时间。厂长训话:上午女同志洗澡,男同志参观。下午男同志洗澡,女同志参观。要遵守纪律,不许拍照!

我为什么活着?

一位叫内德的青年诗人将几首题为“我为什么活着?”的小诗寄给一家杂志出版社的编辑去发表。编辑回信说:“你活着是因为碰巧稿子是通过邮局寄来的,而不是你亲自送来的。”

信不信由你

有个渔夫对伙伴说:

“我钓到的一条大鱼跑了,真可惜!这条鱼真大,我从未见过。信不信由你!”

“您说钓到一条大鱼,我不信。要说您从未见过,我信。”伙伴说。

无理抱怨

两人在吃饭,只有一碟菜:两条鱼,一大一小。一位先生先把大的那条鱼夹走了,另外一人勃然大怒。

“真没规矩!”这人叫道。

“什么事儿啊?”他的朋友奇怪地问。

“你吃掉那条大鱼了。”

“假如你是我又怎么样?”

“我当然夹那条小的。”

“正好哇,你抱怨什么呢?那条小鱼还在那儿呢!”

绝食男子

伦敦某大街一个杂技团表演节目:关在箱子里的绝食男子。新闻记者采访绝食男子,问道:“你为什么要演这个节目?”

那男人回答:“这也是混口饭吃!”

局部地区

一位老太太不识字,但喜欢听收音机,气象预报每天必听。

一天吃饭时她问家人:“我有个问题想问问,你们知道局部地区在什么地方?那儿怎么天天都下雨?”

如何计算

我去参观气象站,看到许多预测天气的最新仪器。参观完毕,我问站长:“你说有百分之七十五的机会下雨时,是怎样计算出来的?”

站长没多想便答道:“那就是说,我们这里有四个人,其中三个认为会下雨。”

字条上的署名是“王八蛋”

一位知名作家应邀去演讲,演讲结束后,作家请听众及来宾们发问。不料作家却接到一张纸条,上面写着“王八蛋”三字。

作家先是愣了一下,接着笑笑说:“通常我收到的纸条都是只写问题,不写名字,而这张纸条却只写了名字,而忘了写问题!哪位叫‘王八蛋’?”

两个女人斗嘴

丹尼娅和娜嘉两个单身女人隔街而居,两家的阳台隔街相对。一天早上,她们站在自家的阳台上对话,丹尼娅大声对娜嘉说:

“我说娜嘉,你是不是生病了?夜里两点我看到一位大夫从你家里出来。”

娜嘉对丹尼娅不顾影响地大声嚷嚷很不高兴,就说:

"哎呀,丹尼娅,快别说了,我不愿意听。如果每天早上都有一位上校从你家里出来,难道我会满街喊战争快爆发了吗?"

近亲为什么不能结婚

计划生育部门官员下乡普查,问老农:"您知道近亲为什么不能结婚吗?"

老农憨厚地笑答:"呵呵呵呵,呵呵呵呵,太熟,不好下手。"

比赛之前

教堂里在举行结婚仪式,有个人悄悄问同伴:"为什么新郎和新娘要手牵手?"

"那是一种习惯,正如两个拳击手在比赛之前要握握手一样。"

不得了

"我妻子读完《快乐的兄弟俩》这本书以后,生了一对双胞胎。”哈丁对他的两个同事说。

“那不算什么。”一个同事接着说,“我的妻子读了大仲马的《三个火枪手》,生下来的是三胞胎。”

另一位同事听了这一番话,不禁脸色发白,他心急如火地喊了起来:

“我的天啊！不得了,我妻子正在读《阿里巴巴和四十大盗》,我必须立即回家。”

尝试女人的滋味

在一架从巴黎飞往纽约的航班上,机长突然对乘客们说:“各位乘客注意了,我们遇到了从未有过的恶劣天气,很可能今天就是我们的末日了。请大家作好心理准备。”

“天啊!”很多人都叫了起来！一个神情沮丧的男人站起来说:“我长这么大了,还没有尝试过女人的滋味,有哪位女士愿意让我尝试一下吗?”

一个抱着孩子的女人站了起来,对那个男人说:“我愿意让你尝试一下。”

那个男人很快地走了过去,准备脱下自己的裤子。那个女人阻止了他,说:“不用脱了,你只要脱下你的上衣就好了。”

于是那个男人就脱下了上衣,他有点害羞地说:“现在可以了吗?”

“可以了,你给我的儿子喂奶吧!”

一个坏印象

有六个人搭乘火车旅行,坐在同一车厢内。其中五个很安静,也很规矩。但第六个是个粗鲁的年轻人,给其他乘客招惹了许多麻烦。

最后,这位年轻人在一个车站带着两个沉重的皮箱下了车。没有一个旅客帮他的忙。有个人一直等到这位粗鲁的年轻人走得很远了,才打开窗户,对着他大声喊:“你把东西留在车厢里了!”然后,又把窗户关了起来。

年轻人转过身子,拎着两个沉甸甸的皮箱,匆匆赶了回来。他转回来时,显得非常疲倦,对着窗户大声喊:“我把什么东西留在车上了?”

当火车再次启动时,叫他回来的旅客打开窗户说:“一个极坏的印象!”

到外边去玩

你听过这个故事吗?一个小男孩在飞机的走道里玩,

使人讨厌,一位乘客被烦得无法忍耐了。她跟小男孩说:“听着——你为什么不去外面玩一会儿?”

女高音歌手和女低音歌手

女高音歌手:“你注意到昨天晚上我的嗓音是如何充满了大厅的吗?”

女低音歌手:“是的,亲爱的。实际上我看到几个人离开大厅是为了给你的声音让出地方。”

殷勤过分

某富翁在别墅举办音乐会,他家的朋友和熟人都到齐了。女主人请著名男高音歌唱家唱一首抒情歌曲。

“我倒是很愿意,”歌唱家说,“可时间太晚了,我担心您的邻居会说我们影响他们的休息。”

“那更好!”女主人激动地叫道,“他们那是活该。昨天晚上,他们家的狗也在我家窗下狂叫,不让我们睡觉……”

调音师

钢琴调音师:“对不起,先生,我是来给你家的钢琴调音的。”

主人:“哦?可是我没有请你来给钢琴调音啊!”

钢琴调音师:“这我知道。是你的邻居要我来的。”

座位给你

俄罗斯钢琴家安·鲁宾施坦的音乐会就要开始了。这时,一个精力充沛的女人闯进了演员休息室。

“啊,鲁宾施坦先生,见到你我真是太幸福了。我没票子,求您给我安排一个座位吧。”

“可是,太太,剧场可不属我管辖,这儿一共只给我一个座位……”

“把它让给我吧!您就行个好吧!”

“行,我把这个座位让给您,要是您不拒绝的话。”钢琴家微微一笑说。

“我?拒绝?简直不可思议!领我去吧!座位在哪儿?”

“在钢琴旁边。”

后有追兵

接力赛正在进行,有两位观众在交谈。

甲说:"喂,你看呀,前面那个运动员跑得多么快啊!"

乙解释道:"当然要快啊,你没看到后面的人举着那么粗的棍子追着要打他吗?"

等一分钟吧

有一个人问上帝:"伟大的上帝,在你的眼睛里,一千年的时间意味着什么?"

上帝回答道:"只意味着一分钟罢了。"

"万能的上帝呀,在你的眼睛里,一万个金币又意味着什么呢?"

"仅仅意味着一个小钱罢了。"

"慈悲的上帝呀,那就请你恩赐给我一个小钱吧!"

"好,可怜的人,"上帝回答说,"就请你稍等一分钟吧!"

不喜欢

主妇从肉铺买了猪舌回家,正在楼上收拾房间,她对在楼下看书的小儿子说:"如果肉店有人来收账,就从我的钱包里拿两元给他。"刚好此刻牧师来访,小儿子说:"妈妈,有人来了。"

"给他两元钱,"主妇说,"告诉他,我不喜欢他那里的舌头。"

穷人难当

牧师给一个穷人家的最小的孩子施洗礼,这家有很多孩子,日子很不好过。牧师趁机劝孩子的父亲说:"家里生活够困难的了,就别要那么多的孩子了。"

但他得到的回答却是:"我们穷人家里一添点什么,别人总说太多了。"

直接见面

一位牧师来到将被处死的犯人面前说:

"我来告诉你一些上帝的话。"

犯人毫不客气地说:

"我不需要。再过一会儿,我就要去直接见他老人家了!"

自己去交

一个替教会募捐的小姑娘对一个老先生说："请您为上帝捐些钱吧。"

老先生看了一眼小姑娘，慢悠悠地说："我想我会比你先见到他老人家的，到时候让我把钱亲自交给他吧！"

"跌倒"新解

有一个牧师在一个村落任职。那个村落是靠捕鱼为生的，村中的男人常不在家，村中的女人们几乎都红杏出墙。那些女人在偷情后都会找牧师告解，牧师听多了，也有点烦了，于是告诉那些找他告解的女人说，以后偷情这两个字改成跌倒，只要讲跌倒，我就知道了。过了几个月，这个牧师要调到别的地方去，他担心新来的牧师不了解这个不成文规定，便在走之前特别去和村长说了，交代村长一定要告诉新牧师"跌倒"的意思。

新牧师来了之后，村长忘了去和他说这件事，当村中的女人每次去和牧师告解说她跌倒了，牧师都告诉她们：跌倒了再爬起来不就可以了。可是，因为常常这样，新牧师觉得不是办法，便去找村长，把这件事说了，并建议村长改进村中的道路建设。村长听了哈哈大笑。新牧师不明所以，忙说："你笑什么，村长夫人这礼拜就跌倒三次了。"

所谓教堂

父子俩来到维也纳的斯特凡大教堂前面。

"爸爸，这座有很高的塔顶的房子是什么地方？"

"你应该知道，我的儿子。这是个教堂。".

"什么是教堂？"

"就是亲爱的上帝居住的地方。"

"上帝是住在天上的呀！"

"你说得对。上帝住在天上，但他在这里做生意呀！"

请你原谅

一文盲想给远方的妻子写信，就去求助牧师。

他把要说的话都告诉了牧师。牧师帮他写完，最后很有礼貌地问他还有什么话。文盲想了想说："还有，'信写得不好，请原谅'。"

顺序有误

在某外交官的晚宴上，一位刚到美国的法国外交官有点局促不安，因为每个人都要站起来讲几句话，但是他的英语实在不行。这时有一贵宾说："我们来敬东半球的女性一杯。"接着又有人敬西半球的女性一杯。轮到那法国外交官讲话时，他站起来说："各位，让我们为女性的两个半球干杯吧。"

言语不通

外国使臣欲献上一对珍贵的金丝雀给国王，可在还没有献到国王面前时就死了一只。使臣在束手无策之下，就把一只本地产的金丝雀放进鸟笼充数，然后提着鸟笼去献给国王。

"这是很珍贵的金丝雀呀，可爱极了！为何其中有一只本地的雀子呢？"国王诧异地问。

这位使臣恭恭敬敬回答说："因为身在异域，言语不通，总得有个翻译才行呀！"

欲婚须知

年轻的国王问他的大臣:“为什么我十四岁就可以统治这个国家,而到十八岁人们还不允许我结婚?”

“因为照顾妻子要比治理国家难,陛下。”

心和你们一样黑

一个白人到黑人区发表竞选演说,为了赢得黑人选民的支持,演说中他竟脱口而出:“虽然我的皮肤是白的,但心却和你们一样黑。”

只有一个

“你对两位市长候选人有什么看法?”

“嗯,我高兴的是,幸亏他们两人中只有一个能当选。”

没有不同

一个动荡的南美国家传出一则故事。

一人问："比基尼泳装和我们的政府有什么不同？"

答案是："没有不同。每个人都知道它维系的是什么，但每个人都希望它维系不住。"

观点不同

一位莫斯科公民丢了一只鹦鹉，精神很紧张，急得不知如何是好。邻居劝他还是主动报案为好。他左思右想，最后只得报告了克格勃："先生，我丢了一只鹦鹉，我特来向你报告，并郑重声明，我并不同意它的观点。"

不打自招

某瑞士人给居住在东柏林的亲戚写信，信尾不放心地嘱咐道："听说你们那里检查制度很严，盼你安全收信并及早回复。"

过了一段时间以后，信又退到寄信人手中，上边附了一张条子："此信有中伤我国的内容，不予投递。另，我国并无检查制度。"

谁在打搅

一个政治家正情绪激昂地进行竞选演说。听众里有个婴儿大声哭了起来。一位妇女抱着那小孩站起身，准备离开。那个竞选者意识到自己将失掉一票，忙大声喊道："女士，不要紧的，那孩子并不打搅我。"

"不，是你正在打搅我的孩子。"

富人和学者

一个富人问一个学者，为什么人们常常在富人门口看到有学问的人，而很少在有学问的人门口看到富人。

学者回答说："这是因为学者知道财富的价值，而富人却很少知道学问的价值。"

《幸福之源》

[英]德斯蒙德·莫里斯著　定价：16 元

究竟什么是幸福？是新生儿初见世界的目光？还是成年人踌躇满志的微笑？在本书中，作者所要探讨的就是这样的问题。他用理性之手把握住难以捉摸的情感冲动，娴熟而缜密地剖析各种各样的幸福——从恋人们的欣喜，到美食家的饕餮，甚至包括吸毒者的迷醉，他都将揭开其神秘的面纱，展示其真实的本质。

《金生意》

周山著　定价：28 元

本书是在解放初对江湖术士进行思想改造时，由长期在旧上海各个角落从事命相占卜活动的一批江湖术士提供的大量内幕资料的基础上，以文学的形式揭露命相占卜骗人技巧、展示命相占卜之士奇异生涯、反映旧上海市民世相的一部长篇小说。故事跌宕起伏、情节离奇曲折，是迄今为止华语世界第一部以命相业为题材的长篇文学作品，也是我国第一部以系统揭露命相占卜内幕为目的的文学作品。

《破案能力自我测试》

傅玫妮编著　定价：19 元

本书案例分为 9 类，分别测试你的观察力、知识力、想象力、注意力、分析力、鉴别力、解读力、判断力和推理力。每一案例附插图。案例破解的难度不大，但也不是一目了然的，因而在提高你的思考能力的同时，还会给你带来乐趣。

《英汉对照幽默集萃》

逸云选编　定价：15 元

Overcrowded Moon

A geography teacher once told her class, "The moon is so large that several million people could live there."

One boy started laughing, "It sure must get crowded when it's a crescent moon."

拥挤的月亮

一位地理老师告诉他的学生："月亮非常大，可以容纳几百万人在上面居住。"

有个男孩笑了，"当月亮由满月变成月牙时，住在上面的人一定很拥挤。"

《英汉对照名人名言》

刘文荣选编　定价：18.00 元

If the only tool you have is a hammer, you tend to see every problem as a nail.

[America]Abraham Maslow

如果你唯一的工具是一把锤子，你往往会把一切问题都看成钉子。

[美国]亚伯拉罕·马斯洛

《英汉对照知识小品》

逸云选编　定价：17 元

本书英文小品选自国外报刊，英语程度适宜初高中学生阅读。所选内容大多与我们生活相关，上篇为“社会与文化”，下篇为“科学与技术”，知识面广。既能学英语，又能扩大知识面。

《英汉对照生活小品》

逸云选编　定价：19 元

本书英文小品选自国外报刊，英文程度适宜初高中学生阅读。所选内容包括：处世、学业、工作、养生、休闲、饮食等。

《英汉对照名人故事》

逸云选编　定价：19 元

本书英文小品选自国外报刊，英语程度适宜初高中学生阅读。所选内容包括科学家、艺术家、政治家、企业家、运动员等领域世界名人。